基督教文化研究丛书

主编 何光沪 高师宁

六编 第 **6** 册

灵验与拯救：乡村基督徒的信仰与生活（下）

梁振华 著

花木兰文化事业有限公司

国家图书馆出版品预行编目资料

灵验与拯救：乡村基督徒的信仰与生活（下）／梁振华 著 ——
初版 —— 新北市：花木兰文化事业有限公司，2020〔民109〕
目 4+150 面；19×26 公分
（基督教文化研究丛书 六编 第 6 册）
ISBN 978-986-518-082-9（精装）
1. 基督徒 2. 信仰
240.8   109000617

ISBN-978-986-518-082-9

9 789865 180829

基督教文化研究丛书
六编 第六册   ISBN：978-986-518-082-9

灵验与拯救：乡村基督徒的信仰与生活（下）

作　　者 梁振华
主　　编 何光沪 高师宁
执行主编 张　欣
企　　划 北京师范大学基督教文艺研究中心
总 编 辑 杜洁祥
副总编辑 杨嘉乐
编　　辑 许郁翎、张雅淋　美术编辑 陈逸婷
出　　版 花木兰文化事业有限公司
发 行 人 高小娟
联络地址 台湾 235 新北市中和区中安街七二号十三楼
　　　　 电话：02-2923-1455 ／ 传真：02-2923-1452
网　　址 http://www.huamulan.tw 信箱 hml810518@gmail.com
印　　刷 普罗文化出版广告事业
初　　版 2020 年 3 月
全书字数 277675 字
定　　价 六编 8 册（精装）台币 20,000 元

灵验与拯救:乡村基督徒的信仰与生活(下)

梁振华 著

目次

第六章 拓展灵性资本

孤单寂寞时要有灵与灵的相交,悲哀绝望时要有生与死的感悟,
安静无忧时要有感与恩的回报,长途跋涉时要有手与手的挽扶,患
难痛苦时要有心与心的靠拢,危险急难时要有肩并肩的担当。

——灵诗 《肢体彼此担当》

灵性资本,亦称宗教资本,是一个用来解释宗教现象的抽象概念,其中涵盖宗教仪式、教义知识、信徒之间的情谊和互助,信仰为个人提供的心理寄托和患难时的盼望。这一概念缘起于法国社会学家布迪厄论述宗教的一篇文章《宗教场域的起源和结构》,他在文中提出"宗教资本"概念以及"宗教惯习"和"宗教场域"两个相关概念,这些概念是互相关联的思想工具共同构成其"实践理论"穹顶(雷,2012)。布迪厄的概念逐渐为其他宗教学者借鉴和采用,宗教资本真正作为宗教社会科学研究的一个主流概念主要受益于美国宗教社会学家斯达克(2004)及其合作者的一系列研究。

斯达克(2004)认为,个体将其作为宗教资本由对某一宗教文化的掌握和依附程度构成:

"宗教资本可粗略分为文化与情感两部分。完全地参与任何宗教需要掌握很多文化:何时如何划十字、何时说阿门、礼拜和祈祷词、经文章节、故事和历史、音乐、甚至笑话。再者,通过实践(尤其是与他人一起),个人通常在宗教文化中注入情感,例如常见的表达'没有……哪里还算得上是圣诞节'。随着时间的推移,这种情感纽带内化在个体生命之中。诚然……如祈祷、仪式、奇迹和神秘体

验这样的宗教活动所产生的效果，不仅增强了对一种宗教信仰的信心，还加强了对特定宗教文化集合的情感纽带。这些情感和文化投资在长时间内的积累构成了宗教资本。"

作为一个抽象的概念，宗教资本很难通过采取量化的指标进行测量，因此导致宗教资本理论构建在定义和测量等方面仍然充满了争议（Williams，2008），我们只能从多个方面通过质性的方式进行综合理解。灵性资本更多地强调宗教组织之间、组织与社会、社会与个体、个体与群体、以及个体之间的关系，体现出宗教信徒个人与其所归属的宗教或教派间的关系，更多的是精神层面或主观层面的东西（Weller 等，2011）。与其他资本形式相比，灵性资本既具有物质效应，通过资本的转化，可以改善家庭生计状况并提高个体的生活水平；也具有精神效应，同时为个体提供精神慰藉和心理寄托。

在张志鹏（2010）看来，灵性资本是指为了获得精神和物质上的持续收益，个体从宗教和其他信仰中接受的有关人生意义、目的、使命和价值观的认知。尽管灵性资本的概念在中国并不多见，但这并不表明灵性资本不存在。如果对任何个人都询问"生命的意义"、"人生的价值"、"宗教重要性"可能会有不适应的话，那么对农村基督信徒来说，这一概念是一个可以适用的概念，并逐渐成为信徒重要的资本形式。对基督徒来说，他们接受信仰或参与宗教活动的动机是多元的，对于教义的理解和阐释也是多样的，从基督信仰和宗教实践中获得的体验也各不相同。在农村人际关系日趋理性化，农户间互助行为渐趋衰落的今天，对基督徒来说，灵性资本已经逐渐构成他们社会资本的重要形式。乡村基督教群体是一个基于信仰而形成的相对比较松散的共同体，这种基于某种精神信仰形成的灵性资本对基督徒的生活到底有何影响呢[1]？下文将会进行详细的讨论。

6.1 互助行为式微：从帮工到觅工

孟子（2006：105）云："死徙无出乡，乡田同井，出入相友，守望相助，

---

1 一般而言，灵性资本涉及宗教知识（文化）、宗教情感和宗教社会资本三个方面。在本研究，因为宗教情感难以观察和测量，因此没有进行专门的分析。而关于宗教知识（文化）的阐释在多个章节均有呈现，因此本章不会进行专门的探讨。这部分内容主要聚焦于乡村基督徒基于信仰而形成的社会资本以及教会为成员提供的以探访为代表的服务。

疾病相扶持，则百姓亲睦。"从《孟子·滕文公上》的表述便可以看出，自古以来，基于血缘和地缘而形成的村落共同体（或乡土社会）就一直是乡民获取社会认同和社会支持网络的重要来源，并构成村民日常生活的重要外部环境。村民生于斯，长于斯，死于斯，他们的社会活动范围有限，社会交往范围也有限。古往今来，个人从来都不能自由地选择他们希望交往的对象。社会生活施加的限制影响了他们对交往对象的选择。同时，虽然文化价值观念规定了人们在社会关系中的选择倾向，但社会结构因素（例如政治和经济制度、经济发展水平及社会中的人口构成）对建立和维持个人间的关系具有某种影响力（张文宏，阮丹青，1999）。

在传统的乡土社会，基于血缘和地缘而形成的村落共同体，一直存在普遍的互惠行为，村民生活的村落空间为村民提供了非常广泛的社会支持网络。这一社会支持网络构成个人社会行动的重要社会资源，并会在个人遭遇困难时获得来自邻里、宗族和社区的扶持和帮助，既包括住房修建、子女教育或婚姻、疾病医治时的资金支持，也包括住房修建、农事活动、婚丧嫁娶时的劳动力支持，还包括个人遭遇突发风险时的精神支持。简言之，人们在遇到困境时，有机会获得来自亲戚、朋友、邻居的人、财、力的帮助，即"有钱出钱，无钱出力"这种传统的乡村互惠行为，是建立在个人对于未来获取可能回报的基础上的。这种社区互助行为的存在对保障农户生计安全有明显的促进作用（高晓巍，左停，2007）。

然而，伴随市场经济的发展，乡村劳动力资源配置发生了根本改变，大量青壮年劳动力外出，"留守化"、"空心化"、"老龄化"成为众多学者形容乡村的词语。乡村互助行为也发生了很多改变，农忙时节农户借助家户之外的力量帮忙以便缓解劳动力暂时短缺的社会记忆正在消逝，"农业短工"这种新型的职业正在兴起，很多在家村民会藉此而增加自己的收入。乡村正在经历从"帮工"到"觅工"的改变[2]，也有研究者用由"换工"到"雇工"（任守云，2011），"叫人"到"雇人"（仇小玲，2009）探讨乡村社会的劳动力重新分配

2　帮工，豫东农村民间互助方式的俗称，意指在乡村社会，村民在农事活动、住房修建、红白喜事等劳动力暂时短缺的时候寻求亲戚、朋友、同学、邻里义务的帮助。帮工者免费劳动且没有报酬，受助者需要提供伙食和烟酒。觅人，豫东农村在农忙时节花钱雇人的俗称，意指在乡村社会，村民在农事活动或住房修建时寻觅他人并支付工资的行为，住房修建时一般通过"包工"方式寻找包工队完成；农忙时的活动则寻觅本村或邻村村民来完成。

所引起的互助行为变迁，本书主要从换工的衰落和雇工的兴起来描述乡村互惠行为的衰落。

从宏观视角来看，乡村互助行为的衰落是更宏大的社会结构变迁的结果，这意味着乡土社会基于熟人信任逻辑的人际交往模式正在转向理性化的功利型的人际交往模式。

农村互助行为的维系，其存在的基础是，在未来某个特定时刻，自己会获得相应的回报。用布劳（2008：148）的话来说，"社会交换涉及这样的原则，一个人帮了另一个人忙，尽管存在对某种未来回报的一般期望，但其确切性质并没有在事先做出明确的规定"。然而，在劳动力外出的背景下，互助基础已经逐渐丧失，人们所提供的"帮工"可能难以获得回报。在访谈过程中，人们总是在回忆过去互帮互助的美好时代。今天，村落共同体仍然为村民提供红白喜事的互助活动。下面，我们分别从农业生产、住房修建、婚丧嫁娶三个方面呈现换工向雇工的转变。

在农业生产中，范庄村民以种植小麦、玉米、水稻、莲藕为主。上世纪90 年代初，伴随农业机械化的普及，小麦、玉米种植对劳动力的需求锐减，村民多数可以自己完成全部农事活动。作为一年两熟的地区，范庄村民的主要农忙时间是每年六月份和十月份。六月份为小麦收获季节和水稻种植季节，十月份为水稻、玉米收获季节和冬小麦播种季节[3]。六月份是村民第一个农忙时节。随着小麦收获由人工收割向收割机操作的转变，小麦收获不再需要较多劳动力投入，村民只需有家庭成员在田间守候，然后自己或雇人将小麦运回家即可。水稻种植程序比较繁杂，不论是育秧、拔秧还是插秧，都要在短时间内投入大量劳动力完成。在范庄，由于灌溉系统年久失修，已经难以满足人们的需要。所以，村民逐渐达成共识，按照耕地的位置从东到西顺序播种。

---

3 水稻育秧一般在 5 月 5 日到 5 月 15 日之间，一亩秧十亩田，因为当地土地分布比较分散，所以现在仍然采取大田育秧技术。因为育秧的农事活动相对比较简单，因此，农户通过自家劳动力便可以轻松完成。水稻种植（即插秧）在 6 月 15 日到 25 日之间进行，时间最晚也不能超过 7 月 1 日，否则水稻产量便会深受影响。水稻收获一般在 10 月 10 日到 20 日之间，早稻时间则会稍微提前，在 10 月 1 日左右便已经开始，水稻收割机的普及减少了人们的劳动力投入，从而简化了过去繁杂的收割活动。

在地方村委会力量薄弱的背景下，村民多数也不愿投入劳动力改善现有的灌溉系统。村庄东部耕地灌溉条件较好，所以村民不愿意投入劳工，村庄西面的耕地灌溉条件较弱，但是，如果需要改善灌溉条件，就需要由东向西，他们也不愿意让村庄东部的村民白白受益。于是，最终只会导致最坏的结果发生，即所有村民都不会花费自己的时间和精力去完成对每个村民都有好处的事情。2012 年 6 月，我便在田野中观察到有村民非常费力地通过抽水机从四五十米外的沟渠中抽水以满足水稻种植的需要。

作为劳动密集型农事活动，水稻的拔秧和插秧都需要农户安排时间集中投入劳动力，在短暂的四五天内完成所有农活。在上世纪八九十年代，村民一般都会组成互助小组，按照先后顺序轮流栽种。在范庄，全村共有八个村民小组，几乎每个村民小组都由一个比较大的宗族构成，互助小组成员多数由本宗族成员及邻居共同构成。因为参与其中的人，在协助他人完成之后，紧接着便会轮到自家栽种。有时也会有村民秧苗短缺的情况发生，便出现了"借秧"现象，村民不会选择"还秧"的方式作为人情回报，而是会采取其他方式，例如，在收割时节帮忙，或在八月份帮忙薅草[4]，以避免看起来"赤裸裸"的"物物交换"的结果出现。在水稻收割机普及之前，收获时节的互助行为同样普遍存在。村民一般都会请亲戚、朋友、邻居帮忙一起收割，以避免因为忽然天降大雨而影响收成[5]。之后他们便会在打谷场一起完成。伴随水稻收割机的普及，水稻收获变得非常简单，打谷场也逐渐"退休"了。[6]

范庄灌溉渠道落后，无法实现水田的快速浇灌，因此插秧机很难在当地普及，人们还是采取传统的人工插秧方式。唐代有个布袋和尚曾写诗生动形象地描述乡民插秧的场景，"手把青秧插满田，低头便见水中天，六根清净方为道，退步原来是向前。"插秧是一种繁重的体力劳动，在炎热的夏季，村民需要整天将手脚浸泡在泥水中，每日辛劳之后都会感觉腰酸背痛，四肢乏力。因此，在农业劳动市场化方面，插秧成为最早需要雇工的活动。起初，雇佣他人插秧的农户主要因为丈夫在外从事建筑工程，农忙时节无法回家帮忙，

4　河南农民除草的地方性表达，工具薅草扒是块一寸厚、五寸宽的铁片，需要弯腰慢慢完成。

5　尽管豫东地区在九月底十月初降大雨的可能性比较小，但也可能会面临绵绵细雨的到来。

6　打谷场，曾经作为生产队的公共场所，也曾是人们休闲娱乐的公共空间。

换句话来说，因为建筑工作的影响，他无法采取"农忙-农闲"季节性务工的方式同时兼顾农活与工活。如果从纯粹经济理性的角度来看，回家帮忙所耽搁的务工收入和往返的路费，已经足够他雇佣他人。所以，丈夫在外从事建筑工作的村民成为第一批雇佣短期劳动力的人。

水稻种植过程中的雇工行为始于2003年左右，但当时并不普遍，一般而言每天三四十元便可。大约从2007年开始，水稻插秧中的雇工行为开始变得普遍起来，即使人际关系比较广的村民也会使用雇工的形式，而且劳作一天的价格也从40元每天涨到80元甚至100元每天。农忙时节对于劳动力的暂时性需求催生了一批专业插秧妇女的出现。她们会在每年插秧时节，在村庄十字街等待，谁家有需要便可直接联系，而且费用一般都是当天结算，这是一种对双方都有利的结果。2013年，范庄村民种植水稻，完全换工的现象已经非常少见，农户普遍会通过暂时雇工的形式完成自家的农事生产。此后，他（她）的身份摇身一变成为他人的雇工，并且获取收益。

对农民来说，建房是一件大事儿。在范庄，尽管也存在村民在生活条件改善后而重新修建住房的现象，但绝大多数农户重建住房的时间都在儿子15岁以后，以便作为儿子婚房之用。在上世纪八九十年代，农户的住房修建可以作为观察农户社会交往和互助行为的一个中心场域，并作为农户社会交往和社会资本的整体性呈现。这是因为，资金筹措、劳动力协助都将在不同的过程中呈现出来。除少数富裕农户之外，绝大多数农户修建住房之前的第一件事情就是筹措建房资金，在资金可以满足预计需求的情况下，他们才会有第二步行为，寻找亲戚、朋友帮忙。其实，住房修建过程中的雇工行为一直存在，完全通过换工修建住房的情况比较少见，这是因为建筑是一种技术活，并不是每一个村民都具备专业的技术。所以，如果建房的村民自己没有建筑技能的话，一般也不会寻求他人的帮助。建房期间的帮工主要是和泥、搬砖这样的力气活。

一般而言，主家需要准备酒菜款待前来帮工的亲朋好友，相对于建筑用工的费用来说，酒菜费用要低得多。与农事活动普遍的互助行为相比，建房的互惠性回报周期会比较久长。早在上世纪90年代中期之后，伴随男性劳动力的大量外流，建房的换工就已经走向衰落。男性劳动力的外流，使建房所需劳动力的"报"变得充满不确定性。人类学中有很多关于互惠行为的分析，尽管分析内容和视角方面存在差异，但对于回报的期待是人情关系的核心。

现在，农村的住房修建早已通过"大包"的方式，意即主家购买全部建筑材料，然后将建房工程全部承包给施工队，要么通过按天承包的方式，要么通过按建筑面积承包的方式，最后的支出也没有明显差别。

在农民过日子的过程中，邻里、亲戚、朋友间的资金互助也非常普遍。在研究地区，农民并没有存钱的习惯。他们觉得去银行、信用社或储蓄所比较麻烦，当急用钱的时候，繁琐的手续使得农民对银行存款产生了距离，而银行目前低利率的现状则加深了农民不去银行储蓄的后果。从信用社获取贷款的艰难、民间借贷的盛行等等，使很多农民在自己有多余现金可以支配时，不是存入银行，而是把可支配的现金借给自己的亲戚或者朋友，或者通过寻找"中间人"的方式借给本地熟识的村民，利息一般为1分，远高于银行存款利率。

结婚、建房、子女教育、疾病治疗等，当农户需要短时间支付数额较大的现金时，亲朋好友间的资金互助便产生了[7]。此时拥有关系好又比较富有的亲友就显得格外重要。因为村民们很少向银行贷款，一来普通村民没有社会关系很难获得银行贷款，二来银行利息太高，手续繁琐。与此同时，也有些家庭虽然亲友多，但都是些"穷亲戚"、"穷朋友"，因此他们要用大量的钱时，只能求助于银行。亲戚朋友之间也有资金上的互助，而且也经常发生（蒋英菊，2004）。"穷在闹市无人问，富在深山有远亲"，人们经常使用这句话来表述人心冷暖，世态炎凉。村庄的穷人试图获取资金支持时总是充满困难。如果说，亲戚间的资金互助曾经非常普遍的话，当今即使亲戚之间的资金互助也已大大缩减了。据村民回忆，大概从1996年起，高利贷开始逐渐盛行起来，民间借贷的盛行使人们对于资金的收益有了更深刻的认识，"钱生钱，利滚利"成为人们争相追求的目标，很多农村的人即便手有余钱，也不会选择存入银行，而是会选择民间借贷的方式来获取收益。与银行借贷相比，民间借贷的获取更加容易，只要相互之间达成一致，寻找中保即可。

在乡村生活中，婚礼和葬礼一直都是最大的仪式，举办婚礼的时候，新郎父母要为亲友准备宴席，而娘家人则会全部到新郎家吃饭。礼单见证着村

---

[7] 起初，农户购买农资例如种子、化肥、地膜等，也曾会有暂时借贷，并在庄稼收获后偿还，但自从村庄有农资店之后，这种情况便基本绝迹了，原因是农资店为了拉拢生意，大多愿意赊欠农资给村民，在收获之后结算。村民为了做生意，而在短期内筹措资金的行为，不会被作为资金互助的内容。即使有时他们可以从亲朋好友处获得短缺资金，也需要支付利息，因为在村民的观念中，生产性资金与生活性资金之间是存在严格区别的，最重要的标准便是"是否为了赚钱"。

民社会关系网络的维系，也见证着礼金的逐年上涨。婚宴一般都要持续两三天。这是亲属会集的最重要场合，主人有多少亲戚、朋友，都可以在婚礼上表现出来。来的人越多，主人越高兴，他的面子也越大。尽管政府多次提倡火葬，但是，在平安县土葬仍是最主流的丧葬仪式。在仪式期间，来帮忙的人往往很多，不仅包括关系较好的邻里亲戚，也包括关系一般的村民们，因为比起婚礼来说，办丧事所要做的事情更多。"红事"是喜事，因此来参加"热闹"的亲友，是来一起分享快乐，共同烘托出喜庆的色彩；而"白事"对于当事者来说是不幸的事情，因此亲友是出于帮忙的心情来参与的。换言之，对于"红事"，他们的支持是出于自愿，但对于"白事"，亲友们则有责任前来提供支持和帮助。因此，只要当事人提出请求帮忙，村民们是不会拒绝的。

在范庄，村庄有专门的红白理事会，他们会负责协调红白喜事时的各项事务，其中一个重要的事情便是协调筵席。在过去那个物质条件相对落后的年代，筵席曾经是乡民改善伙食的重要场所，因此喜宴的伙食便显得尤为重要。有村民表示，"以前，办事前几天就开始叫人帮忙搭棚，垒灶台，借桌椅板凳碗筷杯盘，买肉买菜。现在，流动饭店普及了，只要拨打一个电话，所有问题全部解决了，省时省事儿，饭菜质量还不错。""没钱的是邻里，有钱的就是朋友，在 10 年前，街坊还是比较普遍的，现在街坊很多都不带了"。始于 2009 年的流动饭店，进一步减少了人们在办喜宴时的相互帮忙。同时，务工的农民日渐增多，赋闲在家的很少，在家办宴席也很难找到人帮忙。

6.2 主内互助：以农业换工为例

在农民那里，人生在世就是"过日子"，人的一辈子就是在"过日子"中度过的（桂华，2013）。"过日子"，是中国人对生活过程的概括。简单说来，过日子就是包括出生、成长、成家、立业、生子、教子、养老、送终、年老、寿终等这些环节，即一个人走完一辈子的过程（吴飞，2007）。

在"过日子"中，农民难免会遇到各种事情需要乡邻帮忙，此时他们的社会资本便显得尤为重要。有时村民参加宗教活动并不仅仅是为了从教会获得什么东西，而是为了从参与教会活动的其他教友那里获得友情，并获取新的社交网络。我在山西中部的田野工作中，便有很深的感受。郭村作为一个外来人口众多的乡村，村庄的社会关系非常复杂。外地人在短期内获取人际关系的方式主要有两种：其一是寻求同乡（老乡），经由多次接触后形成亲密关系网络；其二是加入某一宗教组织，然后在遇到困难时寻求教友的帮助。而在北京的城市教会，有时刚来教会的新人也会有一些世俗的需求，其中最多的是找工作和租房。教徒通过参与教会活动，扩展了自己的社会交往网络，增加了自己的社会资本。这个网络对个体的世俗发展也有很大帮助。

　　社会的发展不仅使每个人越来越依赖于所有人，而且与社会的影响力相比，个人的影响力大为减小，甚至没有力量影响自己的环境；但人们联合或者整体化的作用引起一种与个人力量总和明显不同的集体力量（乔治，2010：457）。对乡村基督徒来说，相互之间的帮助显得尤为重要[8]。在现实中，社会精英比穷人拥有更多的社会、经济、文化和符号资本，而这些资本反过来成为再生产不平等的工具。对乡村基督徒来说，彼此的互助既是神圣意义上肢体相扶的表现，也是世俗意义上美好生活的需求。在上文已经提及，乡土社会的农户之间曾经存在着广泛的换工行为。这种换工体现了村民对共同体资源的利用方式，是农民的自助行为，而尽量不去雇工反映了村民在农业市场化程度较高情况下的精打细算。尽管，"换工"作为一种农民相互帮助的劳动力流转形式曾经存在了很长时间，但受市场经济尤其是劳动力外出务工的影响，劳动力回报的不确定性让越来越多的村民不再像从前那样采取"换工"的方式，而是采取加大"自我开发程度"来寻求自主性（任守云，2011）。在范庄，始于2005年年底的农业合作社并没有改变农户单独生产的方式。

　　水稻的插秧是一种费时费力的农事活动。在农忙时节，所有村民都要在短时间内将秧苗植入田地。因为水稻种植不只涉及时节问题，还涉及到灌溉问题，在尚未机械化的情况下，需要集中时间投入大量劳动力。在男性大量外出的背景下，暂时性的劳动力短缺便出现了。部分村民选择农忙暂时回家的方式以缓解这一问题；也有村民因回家成本较高或工作难以请假无法按时回家，于是采取雇人方式来解决问题。对于家族在家人数较多的村民，这一问题有时容易解决，但也有家庭因为很难实现公平换工便只能采取雇工的方式。对一些原本家庭便不富裕的农户来说，他们在日常生活中长期采取一种节俭的方式，多数只能通过"自我剥削"（任守云，2012）的方式。然而，对于很多信徒来说，他们可能通过信徒之间的相互帮助来缓解暂时的劳动力短缺，他们只需要在农活做完之后在家吃饭即可。

8　这是因为信教群众以弱势群体为主，在乡村衰落的背景下，乡村精英早已经涌入城市。

互助行为与信徒爱心奉献、乐于助人的品德有紧密联系。现年44岁的张蕾，勤劳节俭、心地善良，每天早晨天蒙蒙亮时便带干粮去田里做活，直到中午才会回家做饭。她总是很快完成自家农活，如果有人需要帮忙，她便会前往帮忙，有时也会在农忙时打短工获取一些收益。因为她做事勤快，脾气又好，所以其他村民也愿意找她帮忙。用村民的话来说，"张蕾信心大得很，信主就是让人学好的，她便是一个经常帮助别人的人"。从村民的评价中，可以看出非教徒对于教徒的偏见因其做人的成功而消失了。

在农业女性化、老龄化的背景下，农业生产中的互助行为显得尤其重要，因为有时对他人比较简单的事情，对一些老信徒来说却非常困难。在陈村教会周边村庄，男性劳动力的外流催生了"帮忙下地打农药"（简称打农药）的季节性农业雇佣活动。[9]按照当地的价格，每亩地需要支付50元，由于一般都是男性村民承担此项活动，因此还要外加一包香烟。一般情况下，很多妇女会通过"自我剥削"的方式来完成。但对汪琴来说，每到夏天时她便会腿疼，所以根本没有办法进入稻田，只能通过"觅人"的方式来应对。这是一种没有办法的选择，范庄教友几乎全是妇女，寻求他们帮忙也不合适。让我们来看汪琴的无奈和经历：

> 2013年7月19日下午三点，在范庄聚会点活动结束之后，汪琴告知我说她需要寻找村民帮忙打农药。我当时比较好奇，因为我几乎没有怎么见过人们是如何就打农药这样的事情进行讨价还价的，于是便随她前往。尽管她知道村西有一个名叫杨晓华的村民，经常会帮其他村民打药，每亩地50元，价格还算可以接受。家住村东的汪琴在询问三个村民后才最终找到杨晓华的住所，到他家时，杨晓华正在睡觉。因为之前相互之间没有接触，所以见面之后还进行了简单的自我介绍。这样的场景对我来说是比较震撼的，这是因为，村东和村西的村民因为原本不属于一个生产队，日常生活中也很少有往来。只是当她说及自己丈夫的姓氏之后，才相互之间有些回应。

---

9 在农业生产的性别分工中，"打农药"费时费力，所以妇女很少承担这类工作，一般都由男性劳动力负担。但在男性劳动力外出之后，妇女不得不同时承担原本由男性承担的农业生产活动，加重了自己的劳动负担。在陈村周边，农户使用的喷雾器自重一般为15公斤，每亩耕地需要喷洒4壶水，一般需要两个小时左右。这对一些上了岁数的老年人来说，是一项难以承担的农事工作，此外在稻田打农药还需要穿水鞋进入，劳动负担更大。

汪琴家的稻田面积约为 1.6 亩，按正常价格的话，农药每壶水 8 元，一共需要 5 壶半左右，最终应该是 43 元，但杨晓华认为不能这么计算，路上的时间也应该包括在内，按照汪琴的算法，如果只打一壶水，就只给 8 块钱。经过数次讨价还价之后，汪琴做了妥协，双方最终达成共识，最后按照 50 元计算，当然还需要一盒烟。在结束之后，因为汪琴没有手机，于是按照她的习惯，如果去哪个地方的话就直接去喊一下。但意想不到的事情还是发生了，当天晚上忽然天降大雨，如果按照约定早晨六点半去打农药的话，基本上不会有任何效果，所以便只能调整时间了。两天后，汪琴两次到杨晓华家，都碰巧没人在家。她最终选择自己每次背半壶水，多跑几次的方式来打药。显然，在身体有疾痛的状况下，她仍然被迫下地，是农户采取自我剥削方式的一种无奈行为。此时，她碰巧遇见同样去农田干活的张蕾，张蕾便放下手中的农活先帮她做了打药的农活。她当时想到的是，感谢主的恩典。因为，尽管她起初也曾想到过寻求教内姊妹们的帮助，但是喷洒农药作为一项繁重的体力劳动，一般都是男性的事情，她当然不忍心让哪个姊妹背着沉重的喷雾器绕地来回四次。

在一个男女有别的社会，教会现在很少会有男信徒为女信徒单独帮忙的现象发生，因为他们需要避嫌，汪琴的例子只是诸多信徒间相互帮助故事中的一个，在田野工作中，这种发生在教友间的互助行为非常普遍。

"2012 年，我帮曹婷婷摘了一天棉花。当时我在家也没有什么事情，前天也不知道啥时候，就去帮她干两天活。她家没什么钱，天天讲道，房子还特别老。"

"张佳佳帮我来栽稻子，给他们打了很多次电话，告诉他们别来，但是还是来了。张蕾帮忙栽稻子，我们想着给钱了，现在大家都不容易，做一天活也应给一天的钱。老公给张蕾抽了一天的水，还要给我钱。我想着，你给我帮忙的时候就不算了。她愿意就是愿意，她给我拿过来一袋玉米，我也没要。"

"我有时间的时候也给别人家帮忙，亲戚姊妹现在也都是为了金钱，有的时候反而是我们这些信教的人，互相经常在一起帮忙着呢。谁家都会遇到事儿，有来有往，谁都不会吃亏的，总想着我今天帮你了你明天会不会帮我，最后肯定不中。"

　　尽管发生在教友之间的互助比较普遍，但一般都发生在农忙期间，并且组成固定互助小组的情况并不多见。陈村教会六个执事间的互助行为非常明显，平信徒之间则比较少。李梅、张燕、李晓丽和张蕾四个教友之间的伙伴关系便显得比较特殊。在深入了解后，我逐渐发现，她们还有另一层相似的身份，都是外地远嫁来的媳妇[10]。对外乡人来说，构建自己的社会网络显得尤为重要。起初，这些来自各个区域的外乡人之间并没有直接的联系，共同的宗教信仰及其宗教活动给他们提供了一个相互熟识的场域，在经过数次相互合作之后，她们逐渐开始"抱团"，并从初期的两两合作，扩展到四个家庭的合作。合作一旦建立，便不能计较"便宜"和"吃亏"的问题，不能因为张家有五亩地，李家有三亩地，就认为是否有"搭便车"的嫌疑，认为自己吃亏了。基督教教义对于他们思维的内化也会有一些影响。所以，我们可以这样认为，共同的宗教信仰为外乡人构建自己的社会资本提供了契机。

　　然而，在整个村庄变迁的过程中，基于基督教信仰而重新构建的社会资本只是村民社会资本的一部分，甚至只是较小的一部分。在遇到住房修建、子女婚姻和教育（上大学）这样的事情时，信徒还是会依靠亲戚，而很少会依靠教友，因为这样的事情属于在短期内需要大量资金的"大事儿"，在万不得已的情况下，她们很少会选择教友提供资金支持。在访谈中，也有信徒获得教友在子女教育和住房修建方面提供支持的案例。李晓丽的故事，可以帮助我们进一步理解，在缺少亲戚、朋友帮助的情况下，灵性资本究竟意味着什么。

　　李晓丽，是一个从云南远嫁河南的妇女，千里迢迢到了河南，人生地不熟，而且也听不懂河南话。经过近 30 年的时间之后，她已经成为一个十足的河南人。她 1966 年出生在云南红河州农村，于上世纪 80 年代中期被比自己年长 19 岁的丈夫领回来，一年后成为外地媳妇。[11] 在那个人口流动还不普遍的年代，家境较好的农户并不愿意娶外地媳妇，原因很简单，亲戚构成了一

---

10 张蕾是贵州人，张燕是四川人，李晓丽是云南人，李梅是河南南阳人，他们都属于外来的媳妇。

11 在研究社区，上个世纪八九十年代花钱从外地买媳妇的现象并不少见，村民们不会使用"买"这个赤裸裸的词，而是会用"领"来指称。在范村，从外地领来的媳妇就有 30 多人，最多的一个农户因家里没钱，弟兄五个中就有三个从外地"领媳妇"回来。一般而言，这样的家庭，丈夫的年龄会比妻子大 10 岁左右，年龄相差最大的一户有 21 岁。

个家庭最重要的社会资本，可以在需要遇到困难时获取必要的支持。人生地不熟，语言又不通，家庭底子薄，亲戚离得远，李晓丽的生活充满了各种苦难，而且生性腼腆的她根本找不到人倾诉。1990 年，在距离儿子出生四年，女儿出生两年之后，家里又增添了一个小女儿。对于大多数家庭而言，家里新添子女是幸福的事情，但是对李晓丽来说，却意味着更多的辛苦和劳累，她忍受着肉体和精神的双重折磨。之后，她成为一名基督徒，她真诚地为我讲述了自己信教的经历和信徒为她提供的帮助：

　　"我是 1991 年开始信仰基督教的，现在都 20 多年了。当时我刚刚生了第三个孩子，还需要照顾两个较大的孩子，每天累得要死，腰酸腿疼的，心情很不好，还经常和丈夫吵架，后来看到村子里有三个信仰基督教的妇女，每天都会唱唱歌，聊聊天，觉得挺有意思的。当时，正好有一个姑姑已经信教了，所以后来就开始去教会，不过当时还不会骑自行车，都是跑着去的。"

　　"因为家里底子薄，丈夫又比较窝囊，没有什么本事，家里一直都很穷。很多时候都需要借钱才可以勉强维持一个家庭。家里的三个孩子年龄间隔很小，而且从小成绩都不错，我自己吃了没有上学的亏，希望他们不再像自己没有本事，只能在家种地，所以我就很支持他们上学。三个孩子都算比较争气，最终都考上了大学，[12]虽然丈夫也在外地打工，自己也一直在家种地，但是一直都在依靠借债过日子。有时候，有钱时就赶快还亲戚朋友邻居一些，这两年刚刚还了 2 万多元的债，但到现在还有 1 万多块的债务。小女儿 6 岁时，得了肺炎，当时家里没有钱给她看病。我后来了解到，本村的一个姊妹刚刚卖了一头猪，大概卖了 500 多元钱。我起初不好意思，但是找谁借钱呢？我就去她家转了两次，但是一直没有好意思开口。后来，她知道我家的情况后，还是她主动到家里把钱借给我的。小女儿病好之后，我还去教会做了见证，感谢姊妹的帮助。……儿子上大学的时候，张蕾家正好卖了一头牛，卖了 4000 多块钱，听说我们家的儿子要上大学，还借给我 2000 块钱，都不是我主动去借钱的。"

---

12 村民并不认为她的三个子女都是大学生，因为他们都属于大专毕业。

一般而言，教友之间很少会发生金钱方面的往来。我们以张蕾为例，她是教会执事，尽管也曾有教友表示愿意在她家修建住房时提供帮助，但她在经过一段时间思考之后最终仍然选择找亲戚去获取支持。在乡村社会，绝大多数家庭都会在儿子快到结婚年龄时新建住房或者在县城（或市区）买房作为婚房。无论是住房修建还是婚姻彩礼，对普通农村家庭来说都是一笔不小的支出，而且更要命的是二者往往是一前一后。有研究者指出，当代农村的婚姻具有明显的代际剥削特征，新婚的夫妇往往会在短时间内获得父辈的大量的财富转移，而且，婚礼举办过程中的外债也需要父辈偿还（庄龙玉，简小鹰，2013）。因此，农户获取住房修建和彩礼支出资金的方式便为我们提供了一个重要的场域，让我们有机会了解农户如何在较短的时间内利用自己的社会资本以获取必需的资源。

张蕾是执事，是宗教精英，与平信徒相比，她拥有更多的灵性资本，这为她在家庭或个人遇到难以解决的问题时获取社会支持提供了可能。我已经了解到，她在农忙时节可以比较容易地获取教友支持，多年以来从没有在农业生产方面使用雇工。但是，农忙时节的相互帮助和扶持仍然基于乡土社会的互惠原则，资金的互助是否会像劳动力互助一样呢？她是否能从其他信徒那里获取必要的资金支持呢？最终，我发现，与其他村民一样，资金支持更多地会通过亲戚的帮助而很少会通过教友的帮助。张蕾给我回溯了建房时的情况：

"当时，我们决定重新翻建住房时，手头只有1万多块钱，这些钱购买建筑材料都不够，但这所房子一共花了8万多元钱。现在村庄流行安装4000多块钱的铁门，后来又安装了门窗，合计下来一共花费9万余元。我自己也不知道最后怎么会花这么多的钱，这些都是神的预备，我的亲戚姊妹，都会努力给我筹钱。当时，我也曾想过找教会姊妹借钱，但是想着他们的经济条件也一般，所以最终也没有找他们帮忙。"

"我妈妈一共有9个孩子，我自己是老七，就我们家最穷了，他们家的经济条件都比我家好。所以，盖房子的时候，我给姐姐打电话，他们商量好之后，每个人都借给我钱，五千的一万的都有。他们借给我钱后和我说不着急偿还，不过心里想着能早点儿还清就

　　早点儿还清吧。丈夫和儿子都在外面打工支钱[13]，我自己在家种点
　　儿地，几年下来之后，欠亲戚的钱终于还清了。"

　　她的回答与我从其他信徒口中获得的信息之间存在着一些差异，似乎张蕾为了儿子结婚的事情还从其他村民那里借了高利贷，按照当地的惯例，月息一分。我顺便了解了一下关于她儿子结婚彩礼的来源，并委婉地表述了有人告知我她曾借高利贷的事儿。后来，她给我讲述了高利贷的缘由：

　　　　"我们家省吃俭用好几年后，建房的外债总算还清了。2011年
　　　　夏天，教会王庄的姊妹向我打听儿子年龄的事情，并且问是不是有
　　　　对象了。我告诉她，儿子已经20岁了，也该结婚了。她便帮我说了
　　　　门亲事，儿媳妇是他们村庄范姊妹的女儿，一来二去，两人也就开
　　　　始交往了。儿子订婚需要3.5万元，修房子已经花了很多钱，而且
　　　　家里经济一直不太富裕，也不好意思再找娘家人借钱。虽然，当时
　　　　张涛和我说，她家现在比较宽裕，如果儿子结婚，也可以帮我想想
　　　　办法，暂时借给我2万块钱。我后来寻思着，2万块钱也不算小数
　　　　目，又怕她做不了主，和丈夫商量时难堪，最后也就没有找她借钱。
　　　　我自己东拼西凑，差不多2万块钱，后来就又借了1.5万的高利贷。"

　　当她给我讲述儿子订婚的事情时，满脸洋溢着幸福的表情。这是一种中国农民朴素的心理，总是认为儿子结婚之后，自己才尽到为人父母的责任，可以先把儿媳妇娶进门，借的钱再慢慢还。我们可以看出，乡村的基督徒，即便在信徒中拥有比较广泛的社会关系，但是在住房修建，儿子结婚这样需要短时间内需要大量资金投入的事件上，他们很少会依托教会的关系，而是像普通村民一样，更多地从亲戚获取支持。换句话来说，对于陈村教会的基督徒来说，她们多数自身的经济条件有限，在教友之间很少会有资金方面的互助现象发生。而如果只是在日常生活中有小数目的资金需求，他们多数可以从亲戚或邻里获取支持，此时并不会专门去劳烦教会的其他信徒。

　　人们的社会交往关系可以简单分为亲属类和非亲属类两种类型。资金互助这样的事情更多地会发生在亲属类身上，而其他互助则会同时发生在亲属类和非亲属类的社会交往对象中。在乡村生活的伦理中，尽管亲属之间相互扶持的传统遭遇到现代市场经济的巨大冲击，人们之间情感型的交往关系呈

---

13 支钱，豫东方言，在外面打工挣钱的意思。

现出日趋理性化的特征，利益的获取或损失甚至挑战人们长期以来的亲戚观念。但是，在遇到儿女婚姻这样关系到家族香火传承的大事时，亲属之间仍然会尽可能地提供必要的帮助，而这也成为他们应尽的义务。这样的义务，与亲属成员的年龄无关，受教育程度无关，职业无关，收入无关，只与相互之间的亲缘关系的远近有关。同时，基于共同信仰而形成的宗教共同体，尽管在为信徒们提供情感支持时会有很大的帮助，但是其共同体的成员之间却很少会对其他成员有资金支持的义务。尽管在实地调查的过程中，我偶尔会遇到某一信徒从另一信徒处获得资金支持的故事，但是他们之间的关系已经超越了普通的信徒之间的关系，而是逐渐发展为一种类亲属关系。

6.3 教会服务：以"探访"为例

　　教会与世俗事务的关系一直是双重的（布鲁斯·雪莱，2012：78）。慈善事业和社会服务，是基督教伦理的重要体现。在《中国基督教调查资料（1901-1920 年）》（中华续行委办会调查特委会，2007）一书中，我们可以看到，基督教自从进入中国之后，就一直在开展广泛的慈善事业，例如兴办教育、发展医疗卫生事业，扶困济危等。那么，对乡村基督教会来说，他们的社会服务和慈善事业又如何呢？从时间情况来看，乡村教会的社会服务非常有限，主要表现为五个方面：其一，宗教活动，主要是教堂或聚会点举办的各种宗教活动，其目的是敬拜上帝、牧养信徒、团契交通、传道讲道、复兴教会；其二，教友探访，信徒们两三人一组为患病或出事[14]的教友（自己或家人）祷告并送上慰问品；其三，农忙时节的互助活动，教会会为部分教友提供必要的帮助和扶持，而更多的是教友之间自发的互助活动；其四，纠纷协调，在教友家庭内部或邻里之间发生矛盾时，教务组成员一起帮忙协调纠纷和矛盾；其五，敬老院慰问，每年重阳节购买衣服和食品去敬老院慰问老人。下面，我们将会进行详细的阐述[15]。

---

14 出事，豫东农民用来形容某一个家庭发生事故的说法，一般都是不好的事情。在实地调查中，发生在教友身上的事故，包括子女离婚（在实地调查中，我听闻了青年男性和妇女外出务工期间发生外遇而离婚或准备离婚的事情）、交通事故、急病离世（近年来在乡村地区患怪病、重病的人越来越多，2013 年范村教徒郭菲便因为突发急病而离世）等。

15 教会的宗教功能在前文已有讲述，在此不再赘述，该部分主要陈述教会的世俗功能。

探访工作是教会事工的重要组成部分，也是陈村教会同工传道之外最重要的工作。对于基督教而言，教会是基督身体，信徒是基督的肢体，通过圣餐仪式，信徒们相信每个肢体之间都有血液的流通。因此，"各人不要单顾自己的事，也要顾别人的事。"[16]教友之间需要相互关怀，相互帮助，彼此相爱。"牧养工作由真理与爱心两方面组成，讲道是真理牧养，而探访则是爱心牧养。二者缺一不可。探访工作做得好，弟兄姐妹就得到帮助，教会的事工也会因此兴旺。"[17]

对乡村教会而言，探访工作始终面临同工缺乏的问题。陈村教会的探访小组由教务组成员和聚会点小组长构成，有时平信徒也会跟随他们一起到信徒家中探访。一般而言，探访成员资格的确立也需具备一定条件，例如：已经受洗得救，有爱心善心奉献心，信仰理解正确等。但对乡村教会来说，过多追求这些所谓的"条件"则显得比较奢侈，所以探访小组成员最终由教务组成员兼任，而在需要到某聚会点探访时，再提前和聚会点小组长联系，然后一起前去。与世俗探访不同，教会探访工作是属灵工作，因此其成员资格具有更多要求，显然不能采取自愿报名的方式，哪个信徒想去就去。

在乡村大多数基督徒宗教知识有限的情况下，成立专门的探访小组比较困难。很多信徒家中有农事生产活动或家务照料活动需要操劳，有时也难以同时兼顾家务和教务。起初，我曾试图通过查看教会的探访记录以了解教会的探访工作，但因为缺少专职记录同工，陈村教会并没有专门的探访记录，而执事们也没有记日记的习惯以便可以了解教会发生的事情。我唯一可以间接了解教会每年探访工作的资料，便是教会账目，其中记录了教会的每一笔支出，但是对于没有支出的探访工作或者信徒以个人名义进行的探访工作，则无从查考。

在实地调查中，我曾跟随教徒一起探访生病教友，也曾走访信仰软弱的信徒。教会的探访对象并不仅限于已经受洗的信徒，经常参加活动的信徒或刚接触基督教并且对基督教感兴趣的慕道友也属于探访对象。有时信徒家庭其他成员有事时，教会也会有人专门前去探访。身染重病的、初信慕道的、家庭不和的、信心软弱的、信仰迷失的、子女结婚的（喜庆探访）、亲属离世的（丧事探访）、年过八十的（老人探访），都属于教会探访工作的主要对象。具体而言：

---

16 《新约·腓立比书》2：4.

17 2013 年 10 月 19 日北京盼望教会听道记录。

身染重病的，是指信徒个人或家庭成员身患重病，威胁到日常生活的饮食起居，并需要到医院接受治疗；初信慕道的，是指接触基督教不久，对基督教感兴趣并且开始参加基督教活动的慕道者，他们对基督教教义和信仰尚不明了，不会祷告，也不会唱赞美诗；家庭不和的，是指信徒家庭成员之间因为某件突发性事件而引发的冲突和矛盾，一般而言，都是暂时性冲突，像长期累积的婆媳不和、夫妻不和、亲子不和等冲突一般不会采取探访的形式；信心软弱的，是指信徒因为某种原因，长期不参加教会组织的活动，或者对于教会的活动不感兴趣而逐渐淡出教会，当然农忙时节因为家里的农活负担过重而没有时间去参加教会活动的情况则属例外；信仰迷失的，一般是指信仰开始出现动摇，要么是认为信仰不能为自己提供精神支持，要么是开始接触异教徒甚至参加异教组织的各种宗教活动[18]；子女结婚的，是指信徒有儿子娶媳或女儿外嫁，为他们送上祝福，祝福新婚快乐，婚后家庭幸福，早生贵子；亲属过世的，是指信徒有家庭成员因疾病或意外过世，他们可以再详细分为两种类型，一种是人到老年自然离世，一种是正当壮年突发疾病或天灾人祸离世；年过八十的，是教会近两年来新增的探访活动，每年重阳节和春节，教会专门统计各个聚会点的老年信徒，并给他们送上营养品表示关心。在与信徒交流的过程中，他们提及最多的仍然是"瞅病号"，这也与前文所谈的教会中三分之二的信徒都是因为自己或家人生病的缘故而皈依基督教相呼应。

就乡村教会的探访工作而言，似乎并没有专门的统计或记录工作，唯一的记录便是在探访有支出时的财务记录。一般而言，探访工作最好能够预约，这样便可以避免某些意料之外的事件发生。在乡村社会，不欢迎探访的事件很少发生，但如果发生在有家庭不支持信徒信教的家庭则显然是例外，尽管这样的事件很少发生，却也绝非仅有。与此同时，教徒们仍然延续着过去串门的习惯，这种习惯的一大特点就是想着去谁家就去谁家，如果没人在家时

---

18 这部分信徒，也被称为"迷失的羊群"。在信徒眼中，信心软弱与信仰迷失之间存在明显的差异，简单来说，二者之间的根本区别是信仰迷失已经开始怀疑基督教的基本教义，信心软弱则仍然认同教义只是因为各种原因参加活动的次数减少而已。在陈村周边，门徒会、悄悄教、女耶稣、三赎基督、老天爷等都属异教。在乡民信仰相对迷失的今天，乡村的异教门类众多，各种邪教也趁机发展壮大，与基督教争夺门徒，尽管家庭教会与三自教会之间也存在信徒流动的现象，但不能将之称为正教与异教的冲突。

便换一家。所以，有时探访也会遭遇无人在家的情况，这或许是最令人尴尬的事情。我想主要通过两个个案来描述教会的探访工作，一个是关于病号探访的，一个是关于亲属离世的。

2012年7月29日，在教会聚会结束后，任芳告诉我，她们等一下会去探访教会的两个病号，如果我感兴趣的话，可以跟随她们一起去探访，并且观察一下乡村教会"瞅病号"的过程。我当时觉得蛮有意思的，这为我提供了一个观察教会探访工作的场域，而且是在自然而然的过程中发生的，不会有任何因为我的参与而改变她们行为的可能。于是，我便跟随他们前去，首先是在一个她们经常光顾的小卖部购买必需的礼物前去，在经过大约10分钟左右对于礼物的甄选之后，她们最终选择了鸡蛋和牛奶作为前去的礼物。这时，教会的六位执事便三人一组分成了两个小组。我跟着其中比较熟悉的三人去了一个陈弟兄家。

她们来到陈弟兄家之后，首先简单地介绍了一下我。这个程序很有意思，是因为在这个过程中，我毕竟属于外人，也属于她们口中的客人。接着便开始了正式的对话。整个过程大概延续20分钟左右，其中15分钟的时间，都是在询问现在病情如何，是否已经康复，住院花了多少钱，通过新农保国家可以报销多少等等比较世俗的问题，而生病的人则会比较谦逊的端茶倒水等等，表示自己对于教会的感谢之情。通过当时的倾听和后来的访谈，我逐渐了解到，受访者为一个陈姓的基督徒，他妻子也是教徒，他已经信教近20年，还曾经担任教会的保管。此后，因为儿子结婚的缘故，欠下了叁万多元的外债。因为在农村获取收入的途径比较有限，他们夫妻二人商量之后便决定放弃教会的保管工作一起到北京打工，没有想到两年多之后，陈弟兄便落下腿疾，无法继续在北京打工，而是开始辗转于各个医院，一来二去，尽管外出很长一段时间，最终也没有获得什么收入。

对于外出务工期间身患腿疾，最终无法继续在外务工，而回到家乡继续种地维系生计并参加教会活动这一事件，教友们之间还有不同的看法。张蕾认为陈弟兄不管教会的事情而外出务工，是一种贪世局的表现，最终主还是藉着疾病的方式让他回心转意，再次回到教会服事。汪琴则认为，家里欠着外债毕竟不好，为人父母的当然不愿意把这些债务传给儿女，所以放弃教会工作外出务工也无可是非。王珍珍从教会权力的角度给出了自己的看法，她表示陈弟兄离开教会之后，保管一职便暂时空缺，曹婷婷让和她个人关系比较好的张涛担任了保管，是一种任人唯亲的表现。因为张涛自己识字不多，记账都成问题。陈弟兄自己表示，放弃保管工作和聚会点小组长的工作也是身不由己，毕竟家里还欠着外债。

在探访过程中，最为神圣的仪式便是集体祷告，每个人都在以比较快速的言语表达着自己祝福身体快速康复的愿景，期待这一时刻的早日来临。其实每个人对此都有一种很深刻的理解，而对正在生病的陈弟兄来说，这样的仪式也是最重要的部分。小组长曹婷婷这样祷告：

> "慈悲的天父，你的孩子在这里向你祈求祷告，孩子知道，信靠你的人必然得救。求你在陈晓军的生命当中，主啊，使他能够经历奇妙，经历你的恩典。他上个月身患重病，去了几家医院，也经过了专家医治，但是仍然没有痊愈，他仍然感到软弱。但是，主啊，你却使他的绝望有希望，因为你是全能的主，是慈悲的父。这个世界是你造的，医院是你造的，医生是你造的，药也是你造的。主啊，求你赐给他聪明的医生，赐给他管用的药，使他早日脱离疾病带来的痛苦。主啊，人是不能的，有你就必能，因为你是万有的神，愿你在陈晓军的生命和肉体上做你的拯救和医治。亲爱的主，我谢谢你，谢谢你，孩子如此地祈求，祷告，仰望，交托，不敢靠自己，乃是奉我主基督耶稣的圣名祷告，阿门"。

一般而言，探访工作都会收到一定的成效，让受访的信徒感受到教会的关心、记惦和爱。但是，因为探访工作没有形成一定的机制，所以经常会有意外事情发生。探访工作，并不应该基于某种实用主义的目的，也不应该成为个人情感投资的手段。我们来看李娟的故事：

> 郝村的李娟，曾经是教会的积极分子，也是聚会点的关键人物，她家庭条件不错，加上子女均已成家，丈夫没有外出务工，会打理家中所有农活，因此她自己生活相对安逸，也有更多时间可以从事探访工作。她一般都是自己一个人去其他信徒家探访和交通，并且会帮忙做一些农活或家务活，几年下来，她与其他信徒之间形成了较好的个人关系，这种个人关系早已经超越平常的教友关系。对她而言，探访目的并不单纯，已经成为扩大自己势力范围的一种手段。大概在 2008 年开始，李娟改信"三赎基督"，并且一下子从聚会点拉走了十四五个人。

我们从李娟的故事可以看出，教会的探访活动，最好是两人以上一起同去，这样可以有效避免个人打着探访的幌子做不利于教会的事情。在实地调查中，经常会听到教会的信徒和我讲述李娟他们那一派，信的是邪教。尽管我也曾想与李娟进行交流，但是出于某种自我保护的意识，她始终没有讲述自己的信仰历程，只是告诉我，她信的还是耶稣教，只是与陈村教会的派别不一样而已。

探访中最尴尬的是可能面对不支持信主的家人。张涛给我讲述了自己的亲身经历：

"2010年6月，教会的一位贾姊妹因肺病的缘故长久不能自我照料，后来便在县城中医院接受治疗。她们在了解到这件事情后，便商量着可以抽时间一起去医院探望贾姊妹，并且一起为她送上祷告，盼望她早日康复。我们找到病房之后，把购买的水果放在了病房，并且简单地询问了贾姊妹的病情，告诉她不要担心，神一定会医治她的病痛。起初所有事情也都算顺利，但是，当我们开始一起祷告时，却忽然遭致贾姊妹丈夫的反对，并且说了一些比较难听的话。后来，我才了解到其实贾姊妹的丈夫一直不支持贾姊妹信教。因为他觉得老人没事的时候锻炼身体跑跑还可以，妻子还比较年轻，不应该东跑西跑。"

简而言之，由于之前没有对贾姊妹家人的信仰状况和对耶稣信仰的态度进行了解，她们碰到了吃闭门羹的事情。

探访中还有另外一件尴尬的事情，就是当探访小组来到受访者家时，却惊奇地发现受访者家里没有人。其实，这主要涉及到关于是否需要提前预约的问题。在乡村，人们已经习惯了串门时一家没有人去另外一家的情况，如果让他们去谁家前还预约一定很不习惯。近年来农村社会本身也在发生变化，村民已经不再像过去一样经常在家呆着，而是有时也会外出。因此，农村的探访，在注意农忙农闲的时间差异之外，还需要提前关注受访者是否在家。此外，受访者可能会有一些隐私难以启齿。在实地调查中，我曾听信徒们多次提及这样的事情，例如儿子和儿媳因为性格不合而要离婚的；子女不孝，老人无人赡养的；亲属之间因财产问题而产生冲突的，等等。人们并不愿意向外人表述自己面临的困境，因为，不论同意与否，他们的遭遇都是因为一些"丑事"。

6.4 小结

作为一种以信仰为基础的组织，教会在某种程度上为信徒提供了以宗教知识为主，探访工作、农忙互助为辅的服务，并且重新塑造了群体内部成员的社会关系网络，增加了成员的灵性资本，提高了他们的幸福指数。对于乡村基督徒来说，参与宗教活动本身便构成社会资本的某种形式（Iannaccone，1990），意味着个体作为群体的一员有机会在生活上遭遇困境时获得群体的扶持和帮助。然而，在当代中国乡村教会的具体情境下，灵性资本在信徒生活中发挥的作用仍然比较有限。对基督徒而言，信徒身份仅是其多元身份中的一员，甚至并不是他们的主要身份。受信徒成员构成方面的限制，教会在未来很长一段时间内仍然难以改变信徒需求强烈，但教会服务有限的现实。在乡村劳动力外流非常普遍的今天，乡村教会以老年信徒、女性信徒为主体的格局也难以发生根本改变。

在村民互助行为衰落的背景下，乡村基督徒以聚会点为单位，逐渐形成了新的互助合作小组，并在一定程度上缓解了部分信徒在农忙期间面临劳动力暂时短缺的困境，构成乡村基督徒重要的灵性资本。妇女成为灵性资本的主要获得者，并成为乡民之间日常互助的主要群体。然而，我们不能因此而过度强调灵性资本给信徒日常生活所带来的改变，灵性资本发挥的作用仍然相对有限。基督徒在选择互助伙伴时，是一种经过大脑筛选的行为，一些"孬"的基督徒被他们排斥在互助圈的外围，但或许这些所谓的"孬"的人更需要获得帮助[19]。换句话来说，不论是教会、聚会点，还是信徒个人，他们因为诸多原因并没有真正关心和帮助在社会资本方面最短缺的人。

乡村基督徒群体因为在人员构成方面的弱势，在某种程度上局限了信仰型共同体的构建，也使信徒的灵性资本在很多时候难以发挥有效作用。在生活中遇到困难时，亲属群体尤其是"娘家人"仍然是为人们提供帮助的主要对象，这在住房修建这样的大事上有特别明显的表现。从总体上来看，这种发生在信徒之间相对普遍的互助行为仍然是传统中国"互惠"和"互助"行为的一种延续。总之，乡村社会灵性资本的兴起并未改变乡村社会整体世俗化的现实，在信徒日常生活中发挥的作用仍然比较有限。最后，让我们回到

---

19 我访谈了一些所谓的"孬"的信徒，当我真正走进他们的生活时，却发现被外人看来的"孬"的行为是一种自我保护的行为。

教会在宗教活动之外提供的其他服务[20]。陈村教会开展的社会服务或慈善事业非常有限，其对内活动主要表现为探访和农忙时节的偶然帮助，对外则仅限于敬老院慰问。教会的探访事务由执事兼任，这让他们在常规性事务之外增添了新的负担，且尚未形成一套有效的工作制度。总之，教会在社会服务方面的影响还非常有限。

---

20 或许陈村教会没有办法代表其他乡村教会，但是也在某种程度上代表了某一类教会。

第七章 构建信仰共同体

> 一个生活方式圈子，由共享一些私人生活特征的人形成。生活
> 方式圈子的成员通过共享的外表，消费和休闲活动的样态，表示他
> 们的同一身份，这些样态时常可用于将他们与具有其他生活方式的
> 那些人明显区别开来。
>
> ——贝拉（2011：93-98）

法国社会学家阿隆（2005：3）曾指出，"社会学家不是先验地，而是通过科学研究来划分实际存在的团体。这些团体或者有着共同的处事方法，或者属于一个价值观念体系，或者都有着希望内部稳定的倾向，亦即有着会引起外界相应反应的突然变化。"因此，对作为团体的基督徒共同体进行研究就显得非常必要。在过去，乡村社会曾经存在着由祠堂、寺庙、集市、茶馆、打谷场、水井等共同构成的村落公共空间，这些空间不仅传承着村落的文化和价值，同时也是人们闲暇文化生活的重要场所。然而近年来，乡村公共空间的萎缩似乎成为一种普遍的社会现象（何兰萍，2007；董磊明，2010；王德福，2011），人们相互之间的交流逐渐减少，公共生活的衰落与私人生活的变革同时出现。有研究指出，基督教教堂成为一种公共空间，是信徒言说与表达信仰的空间，也是信徒之间交流的空间（李华伟，2008）。这是因为基督教堂是一个相对开放的空间，任何人都可以进入教堂。于是，作为一个社群的基督教会本身就构成了一个乡村社会中日益稀缺的公共生活空间，并在乡村社会的具体运作中构成了社区互动和治理的组织基础和资源（黄剑波，刘琪，2009）。

乡村基督徒在参与各种宗教仪式的过程中，通过共享的意义，建构一种相似的宗教身份认同，他们产生了一种教会家庭观，即"教会是一个大家庭，信徒是一家人"[1]。信徒的这种共同认知，以及他们相似的信仰实践，使宗教组织不仅被信徒认知为一种宗教共同体，而在信徒的社会支持网络中，也被建构为一个超越血缘的地缘共同体。信仰共同体主要是由什么构成，以及这些群体和世俗组织之间存在什么差异便成为需要关注的议题（Ebaugh, Pipes, Chafetz,et al, 2003）。在乡村公共空间普遍衰落的背景下，陈村教会通过"以堂带点"的模式开展了各种宗教活动，并以教堂和聚会点为实体空间构建了一种新型的农村社会公共空间。本章内容主要从教会的结构与运行、宗教权威的构建与决策以及教会公共空间的构建三个部分进行陈述。

7.1 教会结构与运行："以堂带点"的发展模式

对乡村教会而言，受限于圣职人员的普遍缺乏，"以堂带点"[2]的发展模式成为一种普遍模式。具体而言，以教堂为中心的"堂"的模式，是指"以基督教活动场所为中心的教堂或堂会制度，教会的信仰和崇拜均以教堂为中心"（李向平，2008）；以聚会点为中心的"点"的模式，是指"那些在固定教堂之外的崇拜与聚会点，所谓祈祷处、聚会点、家庭教会、独立教会，等等。它们不具备教堂的格局，主要以信徒的聚会为核心"（李向平，2007）。经由30多年的发展，平安县已经逐渐形成"县基督教两会—片区教会—乡村（或城镇）教会—聚会点"的四层管理模式。陈村教会的运行模式，是一种典型的"堂-点"结合的模式。

7.1.1 县基督教两会

中国基督教三自爱国运动委员会《中国基督教教会规章》对圣职人员进行了专门的说明。"全国各地教会目前采用的圣职有：主教、牧师、教师、长老。（1）主教主要在诠释基督教教义，推进神学思想建设，规范圣事，指导，牧养教牧人员和信徒的灵性生活方面负较大责任，但无特殊的行政职权。（2）

---

1 在城市教会，牧师也会有意无意地将教会界定为信徒的家，并且会在墙上张贴"教会，我们的家"。

2 "以堂带点"的模式具有普遍性，城市教会多数也会采取这种模式。

牧师主要负责教堂各项事工，管理堂、点；主持圣礼；牧养、教导信徒。（3）教师协助牧师管理堂、点，牧养、教导信徒，可以主持圣礼。（4）长老协助牧师，教师管理堂、点，其职责仅限本堂及所属聚会点，牧养、教导信徒，受牧师委托也可以主持圣礼。"

平安县全县仅有一名牧师，三名长老，没有主教和教师，因此各个乡村教会的日常事务均由教会自主选举产生的教务组管理，只是在洗礼、圣餐礼、奋兴会的活动时，才会请牧师或长老主持相关仪式。平安县共有传道人 237人[3]，他们基本上都曾在神学院接受过相对长时间的神学训练，但是现在的传道人同样面临着诸多的问题，例如接受培训时间短、基督教知识有限、收入少（甚至没有收入），等等[4]。平安县两会共有常委 10 人[5]，下设常务委员会常年驻扎两会教会[6]打理日常事务。然而，从实际情况来看，所谓的"常委会"只有袁牧师一人在县两会处理事务，在繁忙时则由师母[7]协助处理一些宗教资料出售之类的事情，并帮忙记录账目。平安县两会其他常委只有在开例会时才会聚集在一起开会。

平安县教会分为十个片区，每个常委都具体负责 1-2 个乡镇教会的全面工作。在教会日常运行中，县两会和各教会之间并没有直接联系，二者间并不是一种隶属关系，而只是指导关系，县两会并不会过多干预地方教会的事务。因此，各个教会都拥有独立的人事权，由本教会自主选举产生教务组管理教会日常事务，选举产生会计、保管、监督会计组成财务组管理本教会的财务。规模较大且相对成熟的教会有唱诗班、读经小组、代祷小组，规模较小的教会往往一人身兼多职，主持、读经、教诗、证道等活动都由少数几个人完成。在教堂修建这样的重大事件发生时，县两会才会有常委作为"建堂小组"成员全程跟进项目进展。

平安县两会收入状况比较有限，正常情况下每年两会收入仅为 53560元，因为有的乡村教会人数较少，每年收入比较有限，所以即便每年 840元的年费都难以上交；有的教会则认为县两会并没有给本教会提供太多扶

3　这些传道人都由县两会给他们发放传道证。

4　在第四章关于信徒的宗教知识获取部分有关于传道人的详细描述。

5　平安县两会每 10 年换届一次，2010 年换届时原有常委 13 人，但有两位常委因病被主接走，还有一位常委在石油部门工作，因工作调动原因请辞常委。

6　两会教会所在地同时也是一个乡村教会，袁牧师全家居住在教会所在地。

7　师母，牧师的妻子。

持，故一直拖欠不上交办公费用。2012 年，县两会的总收入仅为 36500 余元。有限的收入只能保证牧师每个月 1500 元的收入，在牧师没有其他收入来源的背景下，一家人过着非常清贫的生活。各堂、点都有固定传道人员或负责人，建立健全了各种规章制度，制止了自封传道人的自由布道。乡村教会的主要宗教资料绝大多数都是在两会开例会时从县两会购买，例如圣经、赞美诗、迦南诗、圣经播放器、年历表、壁画等等。当然，在临近山东的乡村教会，他们可能会选择从邻近县域购买相关宗教资料，例如，我在牛街教会访谈时，看到该教会的《迦南诗》与其他教会的《迦南诗》明显不同时，便觉得比较好奇，因为平安县两会并没有出售该版本的诗集。经过访谈之后，我才了解到，这是教会的某信徒从山东的某教会购买的，一共购买了 30 本，在出售给信徒的时候，只收回成本费 16.5 元，并不增加其他的费用[8]。

县两会有专职义工协调教会各种事宜。当我问及为什么每次开例会时都会是一个宗教资料销售的关键时期时，师母直白地告知了我原因：

> "平安县交通并不是很便利，很多教会距离县两会比较远，信徒年龄又偏大，他们跑一趟县两会很不容易。所以，对他们来说，能够一次办好的事情还是一次处理比较好。所以，每次县两会开例会时，我都会在宗教资料储藏室帮忙协调资料销售的事情，教友们购买地较多的是《圣经》和《新编赞美诗》。很多教友不舍得购买贵的《圣经》，现在卖的比较多的是 10 元本的《圣经》和 25 元本的《圣经+赞美诗》两个版本的。《迦南诗选》有时候有，有时候没有，经常也没有办法满足每个教会的需要。"

她的话一定程度上解释了我关于教会资料购买的疑虑。从田野工作的结果来看，乡村基督徒很少会像城市基督徒那样去追求关于教会历史和基督教神学的学习，他们对教会史、"三位一体"这样的话题也不感兴趣。由此可见，县两会例会构成了一个特殊的场域，人们可以在这个阶段向县两会负责人诉说近期的匮缺，并且购买本教会所需要的资料。

起初，我以为信徒参与县两会例会有机会认识更多外教会的信徒。但在经过访谈和观察之后，我发现县两会例会作为一个信徒认识兄弟教会信徒的绝佳机会，并没有发挥其应有的作用。信徒的主要交往对象都是本教会的信徒，如果继续向外拓展，多数也仅限于本乡镇的教会，而他们在此之前便已

---

8 他们还赠送了我一本这样的诗集。

经有联系。信徒很少会主动认识其他教会的信徒[9]。

在第一次进行执事组小组访谈时，我便提及了关于聚会点与教会的关系。曹婷婷告诉我：

> "聚会点与教会的关系，类似于村委会与乡政府的关系；教会与县两会的关系，又类似于乡政府与县政府的关系，是一种管理-被管理的关系。"

然而，从实际情况来看，教会运行相对独立，这种独立既包括教会人事的独立，也包括教会财务的独立。或许，我们使用"指导-被指导"来形容相互之间的关系更为合适，也就是说教会与县两会之间没有明显的上下级关系，是一种"服务-被服务"的关系。我们从他们相互之间的联系和往来便可以看出，陈村教会每年给县两会上交的"办公费"[10]其实非常有限，每年仅 850 元，约占教会全年总收入的 1/40。而在日常宗教活动中，陈村教会负责人更多地与片区负责人联系，只是在奋兴会或县两会例会时才会与牧师等人有所接触。

7.1.2 教会组织模式

平安县的城乡教会，一共被分为 10 个片区，最大的张村教会片区下辖 11 个乡村教会，一般片区都是只有三四个教会。每个片区均有一名负责人协调片区内教会的传道人、奋兴会、洗礼、圣餐礼等活动。每个片区都有至少一个信徒相对较多的宗教活动堂点，一般位于乡镇。一些大型宗教活动，例如宗教知识培训、教会管理培训、音乐事工培训等往往会安排在这些大教堂举行。以陈村教会所在片区为例，该片区包括一个城镇教会（位于四街交汇处）和三个乡村教会（杨村教会、陈村教会和孟村教会）。片区负责人由平安县三自爱国运动会副主席赵长老兼任，她同时是西街教会的负责人。一般情况下，各个教会的活动都是分别进行，查经班、音乐事工培训、教会组长培训等活

9　当然，受传统的性别观念的影响，教会内部仍然有严格的性别分类，教会的中间和左翼全部是女性教徒，而教会的右翼则全部都是男性教徒。在经过长时间观察之后，我发现教会内部信徒的性别分类现象并非仅限于某个教会，在整个平安县都非常普遍。

10　作为一个三自教会，县两会每年的办公费用和牧师工资均由各教会承担。以 2013 年为例，县两会全年的收入仅为 35000 余元，其中还包括牧师的收入 18000 元，换句话来说，县基督教两会是一个非常贫穷的组织，牧师的生存状况也令人堪忧。

动才会在杨村教会或西街教会进行[11]。尽管教会主要事务由赵长老代管，但在财务、人事、活动等方面，都属于自治，赵长老只是在信徒受洗、圣餐礼拜、圣诞节等重大活动时才会到教会讲道。而每年奋兴会时，袁牧师则会到教会证道，并在最后一天下午摆设圣餐。

在陈村教会，教会由六名女性教徒组成的教务组（执事）统一协调和管理教会的日常事务[12]。下面简单介绍一下每个执事的家庭基本情况和教会分工情况[13]。

表 7-1 陈村教会执事基本情况

姓 名	年龄	文化水平	农户类别	职务
曹婷婷	46	初中	中等户	教会负责人，主持人，讲道员，李村聚会点协调人
任芳	59	小学	富裕户	执事，读经人，伙食组协调人，贾村聚会点协调人
张蕾	45	小学	中等户	执事，教诗人，监督会计，范庄聚会点协调人
赵丽娟	44	初中肄业	中等户	执事，主持人，会计，讲道员，范庄聚会点协调人
王菊	58	小学	富裕户	执事，主持人，伙食组协调人，陈村聚会点协调人
张涛	46	小学	富裕户	执事，保管，教诗人，赵村聚会点协调人

---

11 片区主要承担一些指导性工作，具体的活动由各个乡村教会根据本教会情况具体实施。本书并不专门研究教会的组织结构和运行模式，对其涉及主要为了便于理解乡村的运行情况，以及可能为教徒提供的服务，所以并不会详细介绍。

12 在教会，她们一般会成为"执事"。在 2006 年选举时，陈村教会共有七名教务组成员，其中包括一名男性成员（兼任教会保管），后来其因儿子结婚欠债外出务工而辞掉执事职务，后来教务组成员仅剩余六名。当然，为了符合相关规定，教会上报县宗教的名单仅为五人。根据教会惯例，在教会里的这些"服侍上帝"的人，包括执事和传道员，他们都是没有工资的。从 2012 年开始，教会每月给曹婷婷发放 50 元手机费补贴，但是其他执事现在还没有任何补贴，因为乡村基督徒还没有适应给执事补贴的行为。

13 一般而言，乡村教会的教务组成员人数为五名或者七名。起初，陈村教会教务组也由七名成员构成，后来一位成员因儿子结婚欠外债需要偿还而选择去北京打工，从此离开了教务组。此后，在向县宗教局上报时，为了符合宗教管理条例的规定，便上报五人为教务组成员，但事实上由六人构成。当然，教会事务的确定经常会由年岁较大的任珊珊建议甚至最终拍板，但是她自己并没有上报宗教人员职务，而是把这一机会让给了其他人。在县两会召开例会、献堂典礼、兄弟教会募捐等活动时，通常都是她会去。

从表 7-1 可以看出，陈村教会执事每个人都身兼数职，她们在担任执事的同时，还都是唱诗班成员，聚会点的协调人，其中三人还是财务小组成员。换言之，她们六个人几乎全部"垄断"了教会的大小事务，六个人拼在一起就完全可以运行整个教会。陈村教会的执事分布比较有意思，那就是六位执事来自五个村庄，每位执事都协调一个聚会点。从实地调查的情况来看，曹婷婷所在的李村聚会点和张蕾、赵丽娟所在的范庄聚会点信徒人数相对较多，陈村聚会点、赵村聚会点和贾村聚会点人数也相对兴旺，而没有执事的聚会点教徒相对较少，有的聚会点只有三四人。这从一个侧面反映了宗教精英在乡村教会所起的重要作用。

在陈村教会，由于教会没有圣职人员，所以主日敬拜由教务组成员组织并进行了合理的分工。主日敬拜分工如下（见表 7-2）：

表 7-2　主日敬拜分工

姓　名	教　诗	主　持	讲　道	读　经
一组	张桂英	曹婷婷	赵丽娟	王珍珍
二组	张蕾	赵丽娟	李梅	曹锦春
三组	罗小薇、孙小莲	王菊	曹婷婷	任芳
四组	袁涛	侯索玲	王斑琴	贺爱云
五组	张佳佳	蔡珊珊	曹婷婷	赵丽娟

组别分类，按照每月第几个星期，举例而言，一组为每月第一个星期日

下面我们来简单了解教会下属的几个次级群体，例如唱诗班、主礼人、伙食小组，并详细介绍教会的财务管理。

唱诗班，由信徒自愿报名，是否有歌唱天赋并不重要，唯一的要求是已经受洗成为正式的基督徒，教务组成员都属于唱诗班成员。唱诗班中另有 6 人会在每个主日教诗，但是教会内部懂乐器的信徒人数很少，只有两人，所以他们会轮流弹琴。教诗小组由具备音乐天赋的信徒组成，他们一般都会提前准备好歌曲，当然每次在教新诗歌之前，都会回顾旧诗歌。

主礼人，主要是执事曹婷婷、赵丽娟和王菊。读经小组，在平日并无活动，只是在主日敬拜时诵读《圣经》金句。在四个传道人中，只有曹婷婷一人曾经接受五个多月的神学装备课程，其余三人均没有接受培训。从传道人

状况，就可以看出乡村教会牧养存在深重的危机。因为乡村教会人才的稀缺，教务组成员都是身兼数职，例如赵丽娟，她是经常负责主持、讲道、读经的工作，同时她还兼任会计。在缺少传道人的背景下，曹婷婷有时每月需要证道两次，而如果外来传道人因事未能到来，她还需要额外讲道。换句话说，他们每个人都身兼数职，如果加上探访工作和组织奋兴会等活动，教会教务组成员在为主做工的过程中，都存在过度使用的风险。

伙食小组主要由任芳和王菊负责，在日常生活中，伙食小组一般也无事可做。只是在奋兴会和圣诞节时，才需要为参加活动的信徒预备饮食。作为一个相对贫穷的教会，奋兴会的饮食非常简单，主要是熬一锅胡辣汤，然后便是馒头，有时会有咸菜作为配菜。尽管饭菜简单，但如果需要准备 150 人以上的饭菜也会比较麻烦，一方面需要提前准备蔬菜、猪肉和其他食材，另一方面则是洗碗事宜，即活动开始前和结束后需要洗碗。

财务小组在教会非常重要。国家宗教事务局出台了专门文件《宗教活动场所财务监督管理办法（试行）》规范宗教活动场所的财务管理[14]。而在平安县每个乡村教会，都在一个非常显眼的位置张贴着这个文件。《中国基督教教会规章》第三十四到三十六对教会的堂，点组织的财务管理进行了说明[15]。在陈村教会，财务小组由会计赵丽娟、保管张涛、监督会计张蕾三人组成，奉献箱开箱钥匙则由执事王菊管理。每次教会活动结束后，执事们会一起共同

---

14 《宗教活动场所财务监督管理办法（试行）》于 2010 年 1 月 7 日经国家宗教局局务会议通过，自 2010 年 3 月 1 日起施行。该文件在会计制度、预算管理、收入管理、支出管理、资产管理、监督管理、法律责任等方面进行了详细的规定（www.gov.cn，2010）。

15 《中国基督教教会规章》第三十四到三十六对教会的堂、点组织的财务管理进行了说明。"堂、点管理组织应成立财务小组，制定财务管理制度，并在工作中严格遵守，包括奉献箱开箱、记账、出具收据、现金存入银行等手续。教牧人员或堂、点负责人及其亲属不担任出纳或会计。堂、点管理组织应定期公布收支简况，接受当地基督教两会的监督，必要时信徒代表会议可报请本地基督教两会审查账目或请有关部门进行审计。制定严格的财务审批制度。重大的支出应经堂、点管理组织集体讨论决定。堂、点财产属教会所有，任何人不得侵占、私分，应由堂、点管理组织负责保管，并应明确专人或小组负责，并制定切实可行的管理办法；用于聚会的房屋、建筑物，及其附属的教牧人员生活用房不得转让、抵押、作为实物投资或者馈赠他人。做好总务工作，包括房产管理与维修，水电管理及安全工作等。堂、点组织要坚持教会的自治、自养和自传，抵制来自境外各种形式的破坏和干扰。"

结算，最后一起离开教会。财务收支状况非常重要，因为我们透过财务收支一览表，便可以看出教会每年开展的活动，每个月到来教会的人数状况，以及教会所从事的慈善事业。

目前，乡村教会财务管理相对比较混乱，而且也出现了一些问题。平安县基督教两会正在积极鼓励和支持各个教会在银行开办专门账号。2013 年 11 月 3 日，在平安县基督教两会召开例会时，袁牧师讲述了关于教会办理账号的必要性：

> "有的教会认为，我们教会每年收入比较有限，而且也不会有什么结余，为什么还需要一个银行账号呢？现在比较普遍的现象是，每个教会的保管，都会把教会的钱存在私人的账户中，例如银行卡或者存折。尽管绝大多数教会的资金管理均没有出现大的问题，但是难免会出现管理漏洞。例如，有的教会，保管拿着几万块钱出去打工了，她啥时候想去银行取钱，啥时候就去银行。这个不是说我们不相信保管会计，而是这样的事情已经在有的教会出现了。教会办理统一的账户有什么好处呢，银行可以和会计对账，可以知道教会在银行的存款有多少钱。还有一些关于支票的支出，有的教会保管拿着钱就不支出。不管有多少钱，都要想着办理一个银行账户。教会宗教活动场所要有固定的账户，每一个银行都可以办理，最起码每个乡镇都会有邮政储蓄和农村信用社[16]。"

按照河南省宗教局的规定，2013 年 10 月中旬都需要为各个教会开办银行账号，但是考虑到平安县农村地区当时正处农忙时节，县两会召开例会比较困难，所以开会时间也推迟到 11 月初。尽管，牧师反复强调办法的实施并不是因为不信任保管和会计，而是一种正常的管理模式。但是，对于每个乡村教会的教徒来说，他们现在尚没有这样的观念[17]。在教会资金支出方面，有的教会（尽管不是很多）因为收入相对有限，所以在支出时总是斤斤计较，不舍得把钱花出去，尤其是在其他教会修建教堂和新堂典礼的时候，并不舍得付出资金。尽管平安县牧师反复强调，"教会是集体产业，不是个人产业，不

---

16 2013 年 11 月 9 日，我跟随孟村教会负责人去其他教会筹措建堂资金，一位 79 岁的老信徒告知他们教会现在面临的困境，受世局的影响，很多信徒甚至教会负责人和保管都已经外出务工了，出发前将教会资金交付到了他的手里。

17 2011 年第 5 号中国人民银行文告（总第 320 号）"中国人民银行、国家宗教事务局关于宗教活动场所和宗教院校开立单位银行结算账户有关事项的通知"。

要把钱在手里紧紧攥着，不怎么和别人打交道。"但是，受狭隘的小群体主义影响，这种情况很难转变。我们从每年县基督教两会收入状况便可以看出，按照地方对于教会的分类和需要交纳的办公费要求，每年县两会的收入应该为 53560 元。但是，有的教会认为县两会并没有给本教会提供太多扶持，故一直拖欠而不上交办公费用，县两会 2013 年最终的总收入仅为 36500 余元，拖欠率高达 31.9%，近 1/3。

乡村教会收入的有限，定然会影响各种事务的支出，但拖欠县两会办公费的行为显然不符合教义的规定，如此行为还会导致其他的意外后果。每年在承办大型培训会时，很多教会并不愿意在本教会承办，其中一个重要原因便是有些教会同工在参与活动时不愿意奉献。例如，平安县两会预计在 2013 年 11 月 11 日-20 日在张村教会举办一个为期十天的短训班，其中包括音乐班和舞蹈班。牧师反复强调教会奉献的事情。

> "我希望每个教会至少需要奉献100元。为什么需要100元呢？我们请两个老师最少要给2000块钱的务工补贴吧。当然，每天吃饭的费用，用电的支出等等，我们不能总是让张村教会一个教会出钱。回去以后尽量动员唱诗的同工参加这次培训，也希望每个教会都适当奉献一些钱减轻张村教会的负担。"

关于年度工作总结和财务总结，教会在年底时有义务让教会每位弟兄姊妹了解教会一年的发展。总而言之，让每个信徒知道教会的收支状况。从我走访的各个乡村教会来看，每个教会在每年的元月初，一般是每年的第二个星期天进行公告。以 2012 年财务公告为例，2013 年 1 月 6 日为年度第一个主日，在聚会结束之后，财务组成员和其他执事一起就 2012 年的财务状况进行统计，并将其按照每月的收入、支出和结余分三类统一誊抄到一张大红纸上，于 1 月 8 日张贴到教会的后墙上面。到第二个主日敬拜结束后，会有财务会计向每个教徒公告上一年的收支情况。当然，即便如此，他们也并没有按照《宗教活动场所财务监督管理办法（试行）》的规定每三个月通告一次。当然，对于平信徒而言，他们并不关注教会每年收入具体有多少，也不关注资金的支出去向，他们只是知道现在教会复兴了，每个星期的奉献与以前相比有很大提高。

与平安县其他教会相比，陈村教会的收入已经比较可观，每年近 4 万元的收入可以方便教会开展各项活动。举例而言，2011 年，在教会收入可以满足所有需求的情况下，执事任芳在看到袁牧师骑着破旧的摩托车奔走于各个教会之后，便向其他执事提议，是否可以考虑为袁牧师购买一辆电动三轮车方便他出行，更好地为各个教会服事。在平安县诸多教会囿于有限的收入尚且拖欠县基督教两会办公费的背景下，陈村教会的这一行为无疑体现了信徒为教会牧者生活的关注和感恩。最终，她们一起为袁牧师购买了一辆价值约4000元的电动三轮车，从而解决了袁牧师多年来外出时的困境。

下面，让我们来看一下陈村教会2012年的收支状况。2012年，陈村教会共有教徒捐款38301.5元，支出41138.5元，超额2837元（见下表）。之所以会有资金超额支出的现象，是因为教会为了改善冬天教会寒冷，夏天教会炎热的现状而添置了两台中央空调。从教会的收入状况来看，收入最高的时候是八月份，其主要原因是每年的八月份会开展连续四天的福音会，其他教会的教友也会前来参加，因为福音会中午都会有爱筵，大多数信徒都会捐款；十二月和二月的捐款也会比较多，是因为圣诞节和春节的缘故。每年的圣诞节都是教会最为热闹的时候，教会分支的各个聚会点都会精心准备各式各样的节目，以此表达自己对主的赞美。每年的这一天，教会都会给每一个到教会参加活动的信徒发放礼品，受制于教会收入较低的缘故，每年的圣诞节多数会给到来的信徒每人发两袋方便面，还会发放一张基督教年历。春节，这一传统而古老的节日被信徒赋予新的内涵，在每年春节的上午，各个村庄的信徒都会到教会表演节目，将新年的第一天奉献给主。从教会支出来看，因为添置空调的缘故，三月份和八月份的支出特别高，其他月份的支出相对很低，而且有三个月教会没有支出，其次便是六月份，当月只有探望病友的支出五十元（见表7-3）。

表7-3 2012年陈村教会收支表

月 份	收 入	支 出	结 余
一月	2288	1015	2186.5
二月	4695	1042.2	3652.8
三月	3696	15547.5	-11851.5
四月	1862	0	1862
五月	2343	370	1973
六月	2408	50	2358

七月	2906	288	2618
八月	7881.5	14490.1	-6608.6
九月	2059	4153.5	-2094.5
十月	2000	0	2000
十一月	1981	0	1981
十二月	4482	5059.5	-913.5
总计	38301.5	41138.5	-2837.0

数据来源：陈村教会账目[18]

当翻阅教会账本时，我们便会发现，以 2008 年为拐点，教会的收入在比较短的时间内实现了快速增长。用信徒的话来说，便是"在老教会，有时候一个星期只有几十块钱收入，现在最少的时候都有三四百，多的时候有 1000 多元"。从她的话语中，我们可以看到，教堂修建在此扮演了非常重要的作用，并且在较短时间内实现了教会的快速复兴。

在访谈过程中，监督会计张蕾曾经告知我：

> "在我拿账本以前，教会可穷，每次捐款只有二三十元，多的时候也只有两三百块钱。教会挪到现在的地方之后，每次都有几百块钱，最多的时候有 1 千多块钱，现在教会都兴旺起来了。俺们教会每年有三万多块钱的收入，这两年还重新添置了空调，夏天做礼拜不热了，冬天做礼拜也不冷，这些事儿以前从来没有想过，你说主的恩典大不大呢。"

但是，陈村教会的平信徒在捐献事宜上面，仍然有比较明显的灵恩倾向。在日常的捐献之外，他们多数会在获得比较大的恩典之后向主许愿并且奉献。例如：

> "平时去教会乐捐，一般都是一块、两块，最多的时候捐献了五十块，当时还是在老教会的时候，因为修建教堂，教会急着凑钱用。关于给教会的发光捐款，想给多少钱给多少钱，凡是生病好了的，就会做见证，想给多少钱给多少钱。不要向主许诺，给主许诺，说我给你多少钱，都白许诺。一般都是发光做见证，到时候想给多

---

18 2013 年 8 月 13 日，我从陈村教会监督会计处，拍摄了从修建新教会到现在的收入支出记录，并将其全部录入 Excel 表格中，为方便查看，我以 2012 年全年的收入支出为例，以此来更好地窥视乡村教会的资金来源和去向。

少钱，给多少钱。每次教会的礼拜活动都会有人作见证，但是我自己没有做过见证，主知道，你心里只要一想，神就会知道。做了见证，显示神迹，啥病好了啥病好了，医生是神预选的，药品也是神预选的，都不是从地上长的，都是神授的。"

7.1.3 "以堂带点"的组织模式

陈村教会采取"以堂带点"的模式发展信徒。教会下辖 13 个聚会点，聚会点小组长均由内部信徒选举产生，或者经由多年聚会之后自发形成，有事情时直接与教务组联系[19]。就陈村教会而言，每个村庄都只有一个聚会点，但是对面积较大且信徒较多的村庄而言，则会出现一个村庄有几个聚会点的情况[20]。

《河南省基督教教会规章》（1998）规定设立聚会点应具备六个条件：

"一定数量的信徒群众；固定的聚会场所；本地教务机构认定的讲道人员（不一定是圣职人员）；管理组织或管理筹备组织；聚会章程；经济来源。"但是从陈村教会的具体情况来看，显然难以满足上述六个条件，他们满足的唯一条件便是有"一定数量的信徒群众"。在其他五个方面，都面临着各种困难，例如他们都有公开的聚会场所，但是却不是固定的聚会场所，流动性比较强，经常是一段时间张家聚会，一段时间李家聚会；在教会讲道人员稀缺的情况下，"本地教务机构认定的讲道人员（不一定是圣职人员）。"

这些条件对聚会点来说更是一种奢求，13 个聚会点中仅有两个聚会点有讲道人员；此外，每个聚会点都没有专门的"管理组织或管理筹备组织"，一般都是大家自愿聚会，而"聚会章程"也比较随意，按照农忙农闲时间人们可以调整聚会的时间安排；最后，每个聚会点都没有专门的经济来源，教会也不鼓励信徒专门给聚会点奉献。换句话来说，乡村聚会点受限于各种现实

---

19 一般而言，聚会点的活动相对独立，只是在遇到家事汇报（例如信徒家中有成员生病需要代祷、信徒家庭内部出现不和现象、信徒信仰动摇等）、欢庆圣诞或春节时节目排练的协调、聚会点内部出现信徒纷争等事情时，教会的教务组成员才会参与。举例而言，范庄聚会点郭明月接触异端教徒之后，执事任芳便曾经去聚会点一起论道，劝诫她不要继续接触异端。

20 例如，在孟村，因为村庄较大，信教人数较多，便分化为三个聚会点，各个聚会点分别举行活动。

因素，很难满足《规章》的各项规定。聚会点都会有"信得好的人"协调。按照信徒的说法，每个村都会有一个组长，不说年龄大小，不说信教时间长短，也不说家庭穷富，只凭靠信心大小。在平时，聚会点和教会之间也没有什么联系，如果有信徒身患疾病，执事会去探访病人；如果家里出了事故，教会有人用《圣经》上的话去安慰他们；如果聚会点内部发生纷争，教会也会有执事前去协调。

陈村教会的"堂-点模式"的组织方式，在某种程度上适应了地方教会的发展，并逐渐形成了一种稳定的运行机制。平信徒紧密团结在精英人物的周围，在宗教精英敬虔的情况下，这有利于聚会点内部的团结，壮大和发展，但是，在宗教精英信仰动摇甚至改信异教的背景下，则可能导致集体性改教现象的发生，很多教徒都转向皈信异教。范庄便发生了一个这样的事件，宝莲先前是范庄三个宗教精英之一，信主多年，能说会道，愿意奉献时间和金钱用于教会发展。她于 2005 年左右开始接触异端"三赎基督"，并且在一年后不再参与本村聚会点的活动而改信"三赎基督"。让人唏嘘的是，她家周边的 10 多位信徒追随她一起，远离教会并且参与"三赎基督"的活动。在实地访谈过程中，我曾多次试图对其进行访谈，以了解其信仰改变的历程。然而，其对于我这样一个外来调查宗教的人始终充满了怀疑和偏见，告知我的信息也非常有限。

在教会执事介绍部分，我已经提及教会的六位执事分别也是五个聚会点（村庄）教徒的协调人。这样的执事成员构成有助于各个聚会点的平衡，而且执事作为教会的宗教精英，也有利于各个聚会点的壮大和发展。在教会公共活动以聚会点为单位的背景下，有比较强大的动员能力。从我走访平安县 10 多个教会的情况来看，执事的分布主要有两种类型：一种如陈村教会，执事的村庄分布相对多元；另一种则如孟村教会，教会小组长、保管和会计都是孟村人，其他聚会点只有两名执事而且并不承担教会最重要的工作，其在群体动员方面则会面临更多挑战。在教徒以聚会点为行动单位的背景下，其可能存在的风险愈加明显。举例而言，在教堂修建期间，经常前来帮忙的主要是孟村教会的信徒，其他村庄的信徒参与则相对较少。总之，陈村教会相对分散的执事分布满足了"以堂带点"的发展模式，并逐步使教会转向良性运行。

7.2 宗教权威：自我构建与决策参与

在《社会分工论》一书中，涂尔干（2000：58）指出 "因为今天我们知道就全部意义而言，宗教没有必要意味着象征和仪式，或寺庙和牧师。所有这些外部体系仅是表面部分，宗教只不过是一种有特殊权威的集体信仰和实践的体系。"因为仪式作为象征性的行为与活动，不仅是表达性的，而且是建构性的；它不仅展示观念的，心智的内在逻辑，也可以展现和建构权威的权力技术（郭于华，2000：4）。涂尔干鞭辟人里的表述为我们呈现了一幅宗教权威（精英）在宗教生活中的支配地位。宗教权威，意指 "一个宗教组织主要基于宗教教义的要求，并适当权衡所处社会环境所呈现出来的一种互动能力"（陈彬，2007）。当讨论宗教权威的时候，我再次想到了韦伯关于权力与权威差异的讨论。"权力，意指行动者在一个社会关系中，可以排除抗拒以贯彻其意志的机会，而不论这种机会的基础是什么"（韦伯，2005：92-93）。而权威则是建立在合法性之上，他将权威分为三种类型，分别是法理型权威、传统型权威、魅力型权威（马丁，1987）。宗教权威，属于韦伯意义上的魅力型权威（或称卡马斯里权威）。这种权威 "依靠对卓越的神圣者、英雄，或者具有典范品质的个人，以及由他所揭示或制定的规范模式的热爱"；而以村两委为代表的村庄正式群体全体则建立在对于村庄公共资源的支配权之上，意指韦伯意义上的权力。在陈村周边，这种正式权力并未转换为民众对其的自觉性认同。

在豫东农村原子化倾向越来越明显的今天，宗教权威逐渐开始在地方社会发挥影响。然而，宗教精英群体本身并不是一个相对统一而有力的群体，其内部分化也比较明显。对平信徒而言，宗教精英在其日常生活中扮演着重要角色。但宗教精英发挥影响的范围相对有限，更多地局限于基督徒群体内部。这样在宗教社区中，教会精英作为一种新的地方精英，他们扮演某种 "中介地位"（叶本乾，2005），愈来愈强有力地支配着当地村庄（吴飞，1997）。在陈村教会，宗教精英被教友们称为 "信得好的人"，他们不仅包括教务组成员，也包括每个村庄聚会点的协调人[21]。信徒李晓丽、曹莎莎、胡桂梅、赵倩等人讲述了自己的看法：

---

21 因为聚会点协调人与信徒的关系最为密切，而教会执事又兼任各个聚会点的协调人，所以这部分全部按照聚会点协调人来进行阐释。

在乡村教会，很多信教的人识字少，看不懂《圣经》。因此"信得好的人"应该会读《圣经》，也会讲《圣经》；能说会道，口才比较好，会唱很多赞美诗歌，有一定的表现欲望。在乡村教徒的信仰生活中，唱诗始终占据着非常重要的地位，也是信徒主要的文化娱乐活动，因此有唱歌天赋的信徒就会有较高的地位；身体健康，有时间和精力去跑教会的事情，尽管一般而言聚会点的活动相对较少，也没有太多事情需要操心。作为聚会点小组长都需要保证自己在特殊情况之外，有时间参与聚会，不能因为自己没去影响活动开展；有爱心，能够在本聚会点教友需要帮助时提供帮助，在教友生病时去进行探访，例如，在农忙时节，可以与教友们组成互助小组，一起栽种水稻，或者一起摘棉花；在家地位相对较高，能够当家作主，或者在家人反对时仍然可以继续自己的信仰活动，有时家里有农活或家务活难以离开，但仍然需要暂时放下手中的农活或者采取早起晚归的方式完成，以保证聚会点的活动可以正常开展。

从他们的表述可以看出，每个聚会点都会有宗教精英来维系着聚会点的运行，他们共同的特点是识字比较多、能说会道、身体健康，有奉献精神且在家能够当家作主[22]。教会教务组是整个教会的精英，其身份构建的要求也更多一些，可细化为两个方面："在教会内部，与信徒的沟通与动员能力，包括加深信徒宗教信仰，引导信徒合理的行为，解决信徒疑惑、困难以及动员信徒参与社会活动等；在教会外部，与外部组织的互动和博弈能力，包括维持教会独立性，争取教会合法权利，有效运用教会资源扩大社会影响力以及提升教会社会地位等"（徐家良，郝君超，2012）。我们首先以教会关键人物张蕾为例进行说明：

> 张蕾，作为教会的执事和监督会计，同时作为范庄聚会点的协调人，在信徒中具有明显的权威。她的权威既是其作为执事身份和聚会点协调人的制度性原因，更是因为其在日常生活中的行为表现逐步成为信徒学习的榜样。在陈村教会，张蕾积极扮演好自己在教

---

22 关于乡村宗教精英的论述部分受益于与丁荷生教授（Kenneth DEAN，加拿大大麦麦吉尔大学东亚研究系詹姆斯·麦吉尔教授）的讨论，丁教授认为乡村宗教在教会和村落扮演的角色非常重要，一定程度上可以折射出其对于村庄发展的影响。

会的角色，积极与信徒沟通，并努力解决教徒信仰的困惑。例如在村民曹莎莎刚刚入教时，因为在信仰方面还存在着很大困惑，张蕾建议将聚会点暂时迁移到曹莎莎家里，一来可以让曹莎莎感受到教会的温暖，二来可以近距离地帮助她回答一些具体的问题。基于曹莎莎不会唱赞美诗的现实，张蕾提前半小时来到聚会点，一句一句地教曹莎莎学习了两首赞美诗，并专门教曹莎莎诵读了几遍"主祷文"，并告知她一定要记熟，因为主祷文可以在某种程度上窥视出基督教的部分特征。

在本村庄，张蕾还会在教友生活中尤其是农忙时需要劳动互助时积极提供帮助，她总是通过起早贪黑的方式完成自家的农活和家务活，然后为需要的信徒提供帮助。而在自己家的蔬菜有剩余时，还会给聚会点的老信徒送一些蔬菜。有时在她帮助教友后，教友想着给予一些补偿时，她总是委婉地拒绝，而一旦自己沾了他人的光，则会想法补偿一下。李小红便讲述了张蕾的女儿在她家洗澡之后坚决留下一包苹果的故事。显然，张蕾不仅在教徒中有好的名声，在不信教的村民中也有一个好的名声，人们都认为她喜欢助人，又能吃亏，从来不想占别人的便宜，是一个值得交往的人。

在对外关系方面，张蕾也会积极参与其他教会的活动，例如每年杨村的读经班，孟村的奋兴会，她都会积极参加。而在孟村修建教会的时候，张蕾更是多次去帮忙，而且总是做一些费劲儿的活计，并且以个人的名义捐献 500 元。张蕾还经常与任芳一起参与其他教会的献堂仪式和县两会的例会，这经常是在其他执事有时繁忙的时候。相对于在本教会的影响，她在教会外部的影响相对较小，但是总是积极为陈村教会树立积极的形象。尽管张蕾在对待他人时慷慨大方，但是自家的生活确实勤俭节约，用村民的话来说就是"很会过日子"。

从张蕾的例子可以发现，作为乡村的宗教精英，她不仅需要在信仰方面积极影响平信徒，还需要在世俗生活中为平信徒提供帮助，我们可以称之为"以自我奉献与牺牲为基础"的宗教权威构建模式。当然并不是所有宗教精英都会获得信徒的内在认可，赵丽娟的故事则是宗教精英影响有限的一个例子。

赵丽娟在陈村教会身兼数职，例如执事、会计、主礼人、传道人、聚会点协调人，从其个人身份来说，便可以获知她也是陈村教会的宗教精英。赵丽娟能说会道，对于宗教知识的理解远胜于其他信徒，这从我在实地调查过程中她滔滔不绝的讲述便可以看出来。但是，赵丽娟在部分平信徒心目中的地位并不高，原因在于她比其他人都贪世俗，而这并不是信仰所鼓励的行为。有部分信徒因为对她的个人偏见，而引起对教会的反感，并进而在某种程度上脱离了教会。

很多信徒对于教会的牧者有着相对较高的道德诉求，当牧者个人的形象在一定程度上与其理想的形象之间存在差距时，便可能逃离教会。因为信徒始终认为，教会的执事，讲道人应该过一种更加道德的生活。赵丽娟的故事显示平信徒对宗教精英有更多的要求，一方面她需要比普通信徒有更多的灵命，另一方面，她需要在日常生活中做他人的表率[23]。

在范庄，在宗教精英的带领下，信徒正在形成以基督信仰为基础的组织。该组织以教义为基础，以信徒个人道德提升为核心，正在逐渐形成另一种秩序，这种秩序既不同于正式的权力体制形塑的秩序，也不同于传统乡土社会的内生性秩序。这种新型的社会秩序的形成与信徒对于宗教的接触，逐渐内化教义并演变为支配个人的行为准则之间存在着很大的关系，也与群体内部强大的社会压力相关，对规范的不遵从将会受到群体成员的强烈谴责。所以，即便不信教的普通村民也都知道"信耶稣是叫人学好的、不打人、不骂人、不偷人、不做坏事"。

在陈村教会，曹婷婷被教友们称为"信得好"、"信得中"，在信仰方面有问题时也喜欢向她请教。有时候，信徒也会有一些世俗的请求，例如因为家里缺少劳动力，种植的苹果没有办法及时收获，也会和曹婷婷联系，找她帮忙。从实地经验来看，曹婷婷是一个虔诚的信徒，她宁愿过着清贫的物质生活，也会追求丰富的精神生活。她经常会将证道经文与信徒日常生活联系起来，并号召信徒做一个谦卑、感恩、忍耐、宽容、顺服的神的儿女。在曹婷婷眼中，世俗的物质生活并不是不重要，而是不能因为对物质追求而行有损

---

23 对赵丽娟个人而言，她也在尽心尽力做好教会的事情，然而儿子已经到了结婚娶媳妇的年龄，需要修建新的住房，还需要准备10多万的彩礼，女儿也还在读初中，这些都需要她去努力工作挣钱。

教义的事情。因为每个人所行的一切事，不论是大事还是小事主都知晓，主都记得。她认为，信主的人应该在信心、言语、行为等方面都做出榜样，需要过比普通村民更严格的道德生活，让不信主的人看到信主的人好。

在《改革开放以来的农村教会》一书中，梁家麟（1998：156）提及：

> "农村教会由一群魅力领袖（领头羊）带领，他们多数自发冒起，且藉着个人魅力（领导才能，胆色和口才）、宗教经验（个人经历）、能力（讲道、作预言、实施神迹奇事）以及人际关系等因素，而取得领导权威，其中并没有一个稳固的教制与组织的规范，可以自由行动。信徒们的圣经知识薄弱，甚难以圣经权威来发挥对这些领袖的制约，或藉圣经真理来谋求团体内的共识。在很多情况下，教会的议事过程与路线的制定，都仅依赖领袖的个人判断，甚至是做即时性的神论（上帝当下的直接引导，领袖在此成为上帝的代言人）。"

他的研究给我们的启示是，农村教会的议事日程经常都是即时性的，有时根本没有一个完整过程可言。陈村教会的情况又是如何呢？在田野工作中，我经历了 2012 年 8 月奋兴会的整个流程，以此大事件为例，我们可以窥视教会的决策过程和机制。

教会每年都会召开三次奋兴会，藉此为信徒提供一个集中的宗教知识学习时间。关于教会举办奋兴会的决定，陈村教会执事一共召开了两次会议[24]，我们先看一段会议记录：

> 2012 年 8 月 5 日上午 10：40 左右，在教会主日活动结束后，教务组全体成员一起在教会开会，会议讨论了关于教会近期召开奋兴会的事宜。会议由曹婷婷主持，其他执事可以根据自己的想法随时打断并发言，但是没有专人做记录。会议内容主要包括：（1）8月 13 日到 15 日，教会一共召开三天奋兴会；（2）曹婷婷与袁牧师、乔传道联系奋兴会的外来传道人；（3）和兄弟教会联系，告知他们

---

24 起初，我曾想通过教会会议记录了解教会每年开展的活动情况，后来才了解到教会并没有专门会议记录。当然，我也有意外的收获，那便是教会的账本相对详细地记录了每一次活动的支出，我们有机会以此了解教会自 2008 年以来所组织的所有活动。

教会将举办奋兴会，并且欢迎他们前来参加；（4）讨论教会需要添置的物品和奋兴会需要购买的食材；（5）初步讨论 8 月 12 日去县城购买物品的教会成员；（6）讨论教会的清扫和碗筷的洗刷等具体杂事。

2012 年 8 月 12 日上午主日崇拜结束后，曹婷婷在圣台上通知"下周一到周三教会有奋兴会，希望各聚会点的人可以通知本村弟兄姊妹前来参加，也欢迎通知其他教会的弟兄姊妹前来参加，中午管饭"。此后，她再次通知下午两点后希望大家到教会帮忙打扫、刷锅洗碗、清洁教堂。2012 年 8 月 12 日下午一点左右，教会六个执事除赵丽娟外全部到县城购买音响设备和食材。在音响设备方面，她们都是外行，最终在县广播电台旁边的一家店买了一个立体声音响。因为她们想着教会的钱来之不易，所以一直都在省着花钱。我经历了她们的讨价还价过程，有时当摊主不想降价时，她们便会说"再便宜点儿吧，我们都是教会的人，主会赐福给你的，让你一家平安"，大多数情况下都可以稍微便宜些。我们来看一下教会购买的食材，购买的蔬菜按照时间顺序分别是：

> 豆腐每斤 2 元，共 26 元；豆皮每张 2 元，共 10 元；猪肉每斤 9 元，共 200 元；粉条每斤 3.2 元，共 29 元；冬瓜每斤 0.3 元，共 35 元；大葱每斤 1.2 元，共 7.5 元；黄瓜每斤 1 元，共 3 元；蒜苗每斤 2 元，共 5 元；姜每斤 1.52 元，花费 3.4 元；青椒每斤 1 元，共 3 元；西瓜每斤 0.6 元，共花费 22 元；鸡蛋每斤 3.9 元，共花费 12.5 元；调料 4.5 元；蚕豆 5 元；杏仁 5 元。此外，还有煤炭 138 斤，每斤 1.1 元，共花费 152 元。所有支出一共花费 516.8 元。

在购买食材过程中，她们并没有统一的计划，而是觉得什么合适便买什么，有较强的随机性[25]。当我们从县城回到教会时，却发现整个教堂只有临近居住的三个老信徒在帮忙收拾教会。细问之下，我才得知，原来她们已经忙碌了一个下午。这让我多少感觉到有些诧异，因为上午主日敬拜结束时曹婷婷曾经和所有信徒都说希望下午会有弟兄姊妹来教会帮忙。仅以这件事情为例，或许集体无意识可以解释为什么来的信徒很少，但是在此时却难以解释为什么没有其他村庄的信徒来帮忙，换句话来说，信徒并没有真正把这件事情放在心上，而是更多地认为"这些事情都是执事的事儿"。

---

25 我之所以会详细地了解所有购买物品的花销，是因为当时我承担了记账员的角色。

　　从后期参与情况来看，很多信徒并没有知晓奋兴会的准确时间。我们可以尝试从以下几个方面进行分析：首先，在手机已经普及的今天，教会其实可以通过手机短信群发或打电话的方式通知教徒参与活动。但是，这在农村地区的实施却遭遇到很多困难，很多信徒并不善于利用手机，而很多老人甚至没有手机，于是城市教会可利用手机这一媒介通知的现象在乡村并不能推广；其次，教会并没有所有信徒的名单和联系方式，也没有人专门负责通知教会开展的活动，聚会点协调人很少会专门去通知，而是就住所临近或者来往密切的信徒逐渐相互转告一下，这从每天参与人数递增便可以看出；第三，尽管教会执事组比较团结，但在某些工作上并没有责任到人，有时教会寄希望于平信徒的自觉，但事实上结果却并不如此，我们从无人自愿清扫教堂的事件便可看出。

　　在奋兴会期间，教会的分工相对明确一些。任芳和王菊会专门协调伙食的事情，张涛协调每一笔支出，赵丽娟作为会计确保每笔支出准确无误。而曹婷婷则主要负责外联事务，负责接待外来的传道人，与孟村教会、杨村教会来听道的信徒打招呼，当然还有与袁牧师联系圣餐或者受洗的事宜。在所有工作中，中午伙食协调是最为麻烦的一件事情，一则人数较多，二则很多信徒年龄偏大，此时几乎所有执事都会帮忙。而关于洗碗的事情则多数由普通信徒自愿参与。即便如此，仍然会有主食馒头不够吃的现象发生。

　　我们通过教会一次奋兴会的例子可以看出，陈村教会并没有形成有效的决策机制，教会在决策过程中带有鲜明的随意性，更多地由以教务组成员为代表的宗教精英决策和影响，普通信徒既缺少参与决策的途径，也缺乏参与教会事务的热情，他们更多地认为"教会的这些大事都是执事的事情"。在此过程中，宗教精英的个人行为非常重要，他们直接关系着教会的进一步发展。与此同时，我们还可以看出，教会动员教徒参与教会事务方面能力不足，很难促成集体行动。

7.3　公共空间重塑：教堂修建的意外后果

　　公共空间这一概念源自哈贝马斯，本土研究中较为广泛采纳的公共空间被界定为两个层面：一是指社区内人们可以自由进入并进行各种思想交流的公共场所；二是指社区内普遍存在的一些制度化组织和制度化活动形式（曹海林，2005）。本研究中，我主要关注教堂和公共聚会点作为公共空间，既涵盖实体空间，也涉及制度空间。下文将会详细介绍陈村教会教堂修建的过程，之所以详细介绍是因为如果没有教堂的存在，实体空间便成为无源之水。

7.3.1 纠结的场所选择

在陈村教会萌芽阶段，教会并没有专门的宗教活动场所，而是选择某位信徒家作为聚会场所，因为信众人数较少，完全满足信徒的需求。在访谈过程中，很多信徒都会回顾教会早期的情况，在那个物质条件相对匮乏的年代，人们通过步行的方式从家到聚会点"悄悄聚会"。很多老信徒仍然可以回忆起聚会场所不断迁移的经历。起初，最早的聚会点坐落在老组长家里，后来又搬迁到侯村公路旁边的一个空旷的厂房中，后来因为道路修建的缘故挪到曹村火车站旁边，一直到 2008 年底才搬迁到现在的教堂所在地。

聚会点的迁移与信徒的增长有紧密的联系。伴随着信徒人数渐增，家庭聚会形式逐渐难以满足所有人的需求，于是 1992 年在县两会协助下，陈村教会信徒在曹村车站附近修建了新的教堂，新教会的修建为信徒提供了共同的经历，并强化了彼此的宗教忠诚。教会开始吸引更多农民信仰基督教并参与活动。1994 年，教会北部距离教堂较远的信徒从教会分离出去，在杨村成立了新的教会。1997 年，距离教堂较远的孟村教会信徒在孟村成立了新的教会。此时，陈村教会分化为陈村教会、杨村教会、孟村教会三个教会，三个教会在各项活动中相互独立。尽管教会的分流在短时间内使信徒数量瞬间减少，但是经由十多年的发展之后，人数很快壮大，老教堂已经难以满足信徒的需求，执事认为需要修建新的教堂以便满足需求。

老教堂既临近火车站，也临近敬老院，地方还有集市，这对教会来说无疑是好事。当时老教堂面临的主要问题：一是教堂年久失修逐渐成为危房，教徒聚会有可能遭受安全方面的隐患，而且伴随新建住房宅基地的增高，教会显得有些低矮[26]；二是，伴随着当地基础设施建设的开展，尤其是道路修建使教堂位置显得较低，且下大雨有雨水倒灌的风险，教友们需要蹚水才能进入教堂，每次都会有人弄湿鞋子；三是，受当地养殖业规划的影响，教堂旁边新建了养猪场，每逢夏日刺鼻的臭味便会充斥着信徒的鼻孔，尽管教会也

---

26 在农村地区，住房的高矮代表着农户地位的高矮，住房显低的农户被认为"低人一等"，而且一般而言，农户修建住房时需要和邻居商量，冒昧地修建较高的住房经常会爆发邻里的冲突。

曾多次进行协商，但却一直没有成功；四是，教堂密封性不足，冬天风刮入教会，信徒们都会体验到刺骨的寒冷，而且冬日临时在教堂烧炉火取暖也比较难行，于是冬天原本是人们都有闲空去教堂聚会的时候，却有很多老年人因为难以忍受寒冷而没去聚会。当时传道人王珍珍便向教务组提议，是否可以考虑重新修建教堂，并表示女儿愿意奉献自家的一块地出来。面对信徒的爱心，教务组的人也都有重新修建教堂的想法，只是因为缺少资金，很多事情都是敢想而不敢做。

在教堂重建面临相当多困难的背景下，为了给信徒提供更好的聚会环境，同时也为了教会复兴，教务组最终做出重新修建教堂的艰难决定，而这在当时无疑是一个非常大胆的决定。当时很多信徒对于这一决定都心存怀疑，他们想着，"这么多年来，都是一个破旧的地方聚会，教会每年的奉献又只有那么一点，能建好吗？"面对部分信徒的怀疑，执事们还是坚持着，因为他们相信"在人不能，在神凡事都能"，"主一定不会让我们羞愧"。而不信教的村民多数以一种讥讽的语气表述他们对于修建教堂的看法，他们认为"这一想法纯属异想天开，一群由老太太组成的人，既缺少资金，又没有劳动力，他们肯定是建不起来的。"

我们发现，对乡村教会来说，教堂修建场所的选择总是一件非常困难的事情。在平安县，我曾先后在16个教会进行观察，其中一个为县城教会。该教会是建国前遗留的宗教活动场所，1982年教产归还教会。在其余15个乡村教会中，只有6个教会位置较好，要么在集镇的中心（或临近），要么在公路一侧，剩余9个教会位置都相对偏远，位于村落的边角地带。我们以孟村教会为例，教堂所在地位于村庄东部，柏油马路尚未通达，从横贯村庄的道路到教堂的直线距离尚有200余米。每次下雨或下雪之后，道路就会比较泥泞，这对一个信徒以老年人为主的教会来说，无疑存在着很多困难和挑战。在陈村教会教务组成员表示修建教堂一个多月后，才有一位主内姊妹的亲戚表示愿意转让自家宅基地，她家之所以愿意转让是因为"该块地曾是坟地，家人都认为风水不好，修建住房后可能会给家里人带来霉运，不利于家庭发展。"最终，这块1.1亩的宅基地以作价1万元转让给教会[27]。

地方教会在哪里修建教堂，举行宗教仪式，无疑是乡村社会民教关系的内容之一（史维东，2013：48），这在一定程度上可以透视出民众对于基督教

---

27 老教堂出售后正好1万元。

在地方社会发展的看法。众所周知，近代中国曾经爆发诸多教案，其中多数都直接指向教堂，并且往往以教堂被烧毁或捣毁而结束，这些事件在义和团运动期间达到顶峰（狄德满，2011）。如果说在近现代中国爆发的诸多文化冲突多少与基督教的"洋教"身份有关，并被人们当作帝国主义侵略中国的帮凶的话，在改革开放以来，地方社会以经济发展为中心的主导思想下，文化的冲突尽管还存在，但已经没有那么明显和激烈。那些秉持传统文化的村民尽管对村民修建教堂抱持异议，并认为他们的行为可能会影响地方风水，并对村庄发展产生不利影响。但是，在乡村传统文化逐渐凋敝的今天，这样的人群人数已经很少。

为此我也曾访谈一些不信教的村民，他们要么认为"即使反对也没有用"，要么认为"既然国家都不反对，我们小老百姓瞎操心什么"，要么认为"教会主要都是些老太太，他们应该建不起来"。总之，在原子化的中原农村，村庄社会记忆较弱，社会关联较低，村民对于村庄的社会认同度也不高，因此村民并不太关注村庄的公共事务（贺雪峰，仝志辉，2012）。总之，乡村教堂的修建并没有引发农户之间的冲突和矛盾。

7.3.2 多元的资金来源

在解决教堂建设用地之后，困扰教会的问题集中表现为资金的筹集。教会资金来源是一个比较有意思的话题。教会像普通农户一样，在缺钱的时候借钱，在有钱的时候还钱是一种常态。在陈村教会教务组商量修建教会时，从教会账本来看，当时可供支配的资金仅有 1696.15 元。因为旧教堂已经成为危房，不能再被使用，所以当时以 1 万元的价格出售，这些钱便用于新建堂的宅基地费用。教友们总是说，"我们开始的时候想都不敢想，但是主一定不会让我们羞愧"。从教堂修建好之后的所有支出来看，他们认为这是从神而来的恩典是完全合理的解释。修建教会，一共支出建材费用和人工费用 97498.8 元，最终仅剩下 248.6 元。

在看到这一数据时我非常好奇，我好奇的原因主要有两个：其一，教会是如何在短时间内凑集到如此多数量的资金，因为当时教会每年收入不足 5000 元；第二，按照教堂建筑面积，不足 10 万元的支出无论如何都难以顺利完工，他们采取了什么策略才使不可能成为可能？换句话说，在信徒普遍由农村边缘群体构成的背景下，他们如何通过一些策略性的行为募集庞大的建筑资金便成为我所感兴趣的话题。

她们的担心是客观存在的。在教会有新建教堂想法时，教会只有 1600 多元，远远不足修建教堂的费用[28]。在多次和教友访谈时，我逐渐了解到资金凑集的实践策略。尽管，我试图通过教会账本进行重新归纳和整理，对资金来源进行精细分类，但因为很多信徒的捐献都是通过乐捐的形式，而外教会前来做义工教友也是乐捐的形式，我们只能知道最终捐献的结果，却难以把控详细的分类。所以，我们只能通过账本记录内容对其进行新的分类，例如资金来源是本教会还是兄弟教会，个人奉献还是一般借款。

按照资金来源分类，主要分为五种类型：第一种，乐捐收入，建堂前和建堂时信徒的奉献。乐捐箱放置在新建教堂门口一个特别醒眼的位置，乐捐收入少时每天有 200 多元，多时有 1400 多元；第二种，个人特别奉献，信徒个人为修建教会的缘故奉献较多的现金，少则 500 元，多则 2000 元，执事统一按照 1000 元奉献，各聚会点的协调人多数都是 500 元（有的聚会点小组长年龄比较大，所以并不强求）[29]；第三种，聚会点的专门奉献，每个聚会点发动本聚会点的信徒在修建教堂期间的专门奉献；第四种，平安县兄弟教会的建堂扶持，奉献最多的县城西街教会捐献 1838.2 元，最少的郝村教会捐献 220 元；第五种，信徒个人借款，教会中家庭条件比较宽裕的信徒借款给教会，教会资金充裕时再归还个人，借款最多的王菊有 5000 元，其他信徒多数都是整数，借款数额介于 500-1000 元之间。

在所有资金中，个人借款需要在教会收入宽裕时，逐个还清；执事个人特别奉献 1000 元，其中两人也在教会收入宽裕后还清。兄弟教会的资金支持则是平安教会作为整体的表现，因为平安县 59 个教会被作为一个整体，一个肢体有需要时，其他肢体都需要提供帮助。2013 年 11 月 9 日到 10 日，孟村教会建堂期间，因为资金短缺的缘故，我曾跟随小组长去各个教会寻求资金支持[30]。这是一个去各个教会"讨钱"的过程，让我了解到教会的修建并非单个教会的事情，而是作为整个县域的两会的大事。为将这件大事情做好，县两会规定每年修建教堂的数量不超过三个，以便有可能举全县之力完成这一

---

28 在每年教会收入已近 4 万元的今天，我们很难想象，在 2006 年时教会全年收入还不足 5000 元，短短 7 年时间收入已经是当年的 8 倍。

29 地方教会采取张贴红榜的形式，将每一位参与奉献教徒的名字和金额张贴在教会最醒目的位置。

30 2013 年 11 月初，关于教会相互之间资金支持的实例，从最早的 200 元到最多的 10000 元。

使命。我当时一共跑了 11 个教会，这些教会中，有的教会有钱，教堂规模较大，有的教会比较穷，规模也比较小，但都有一个共同点，那便是"如果人已经去了，绝对不会让他们白跑一趟"。从教会给他们开具单据来说明，作为整个教会的事情，在其他教会将来建堂时，这些钱都需要还回去。教会之间发生的这种在修建教堂时的资金流动有些类似于"礼物的流动"（阎云翔，2000），今天获取的"馈赠"会在未来的某个时间点"还"回去。

7.3.3 "无"分工的劳动奉献

对乡村教会来说，为了更多地让信徒参与，减少雇佣支出，教堂修建时间一般会确定在 10 月 20 日以后，也就是在秋忙之后。此时，玉米、水稻等农作物已经收获，冬小麦也已经耕种，人们开始处于暂时的农闲时节。同时，天气尚未转寒，人们不会在寒冷的天气中劳作。除了教会主要义工，例如小组长，会计和保管，他们会很早便来到教会进行祷告，其他信徒在来到教会之后并不祷告，而是直接投入劳动过程。在乡村社会互助行为日益减少的今天，以妇女为主体的基督徒为教堂修建所投入的时间、金钱和劳动的现象显得与众不同。如果我们去观察建筑过程分工就会更加有意思，我们会发现，这是一个以女性劳动力为主体的建筑工程，而且包括数量众多的年龄已经六七十岁的老人。

教堂修建是一个庞大的工程，也是一个窥视信徒奉献的场域，各个基督徒的行为均会在此期间得以整体性的呈现，"有钱出钱，没钱出力"这个传统的词语用在此处再恰当不过。教堂修建过程中，社会行动的主体很少是以个人为单位的，而是以"聚会点"为单位。教务组在通过多次讨论之后，决定将教堂修建的工作进行分类，除需要专门技术的瓦工、钢筋工、焊工之外，其余无技术含量的工作全部由信徒完成。举例而言，"土"作为最基本的建筑材料，在教堂修建期间被大量使用。教会采取按聚会点人数多寡分配任务的方式减少了这项支出。

在访谈中，有教友告诉我：

> "如果全部需要花钱请人，单单打地基就需要至少 1 万多元钱，我们教会这方面没有花钱，都是按照每个聚会点的大小，像分配任务一样。每个聚会点的信徒按照人数均摊，都会兑点儿油钱，然后再寻找有车的弟兄姊妹家，去帮助教会拉土。"

"有的村庄没有弟兄姊妹有车的话，就需要花钱雇人了，总之通过什么渠道都可以。当时我家有一个三轮车，我把当家的叫回家，给教会拉了三天土"。

作为教会生活集中呈现的教堂建设，众多信徒（每天有四五十个人甚至更多）是通过何种方式有效地组织在一起，或者还是信徒主动根据个人能力参与（据以往的调查经历，很多六七十岁的老太太会选择搬砖这样的活动）。在访谈过程中，当提及建堂期间每个人的详细分工时，教友们似乎并没有给出明确答案，他们只是陈述着自己当时所做的事情。尽管我已经没有机会去观察陈村教会修建教堂期间信徒的分工，但 2013 年 11 月在孟村教会建堂期间信徒的分工来看，大体还是可以看出一些端倪。在乡村地区，尽管教会教务组可以在短时间内动员信徒一起为教堂修建出钱、出工、出力，但如何有效地配置劳动力资源却是一个令人头疼的问题。因此，参与建堂的义工都是自发地按照个人习惯或偏好选择自己所做的事情，这样便会出现劳动力资源的不合理配置，教务组成员也不好协调。这是因为，执事自己并没有协调人们参与建筑活动的机会，自身尚处于一种学习的过程中，而县基督教两会的长老或同工，对教会情况又不熟悉，所以也不好意思进行任务的分工，因此，人们的集体行动介于有序与无序之间，很容易出现集体无意识的情况。以聚会点为行动单位可以有效缓解这些问题，同一聚会点的信徒都来源于一个村庄，相互之间非常熟悉，也便于协调。

在经过一段时间磨合之后，以聚会点为单位的模式，可以将很多工作继续细化。我在孟村教会看到了类似的情形，尽管没有严格的分工，但从实际情况来看，人们更愿意和熟识的人一起干活。就信徒的分工和合作而言，有两点启示：其一，在教会修建教堂期间信徒之间的合作，是一种相对松散的合作，并没有明确的分工，表面有序的背后隐藏着相对的无秩序，劳动力的不合理配置时有发生；其二，人们倾向于和熟识的人一起劳动一起休息，便会导致即使在很多信徒共同参与活动的场合，信徒也很少会认识新教友并结成伙伴关系。换句话来说，他们并没有构建新的社会关系或社会资本。在孟村教会建堂期间，我访谈了李寨的几个前来帮忙的老信徒。

李寨四个年过六十的老信徒几乎天天来教会帮忙。不下雨时，她们都会相约一起到教会帮忙，她们并没有任何交通工具，每次都是步行前来，往返需要四公里的路程。她们都是一个聚会点的信徒，

> 相互之间距离很近。她们告诉我，如果每天都是一个人步行四公里往返于教会与家之间的话，总会有难以忍受的时候，四个人一起的话，便有伴了，路上也不觉得无聊。距离教会的远近成为影响人们是否愿意来教会帮忙的重要原因。

换言之，每个人都是自主选择自己想做的工作。这样的情境为我们提供了一个观察哪些人从事比较劳苦的工作的场域。通过观察，我认为推车、提泥、在施工架上操作是比较劳苦的工作。我们简单地从每天到来的时间或许也可以作为一个指标，但是，对于不同的家庭，这样的想法有时未必合理，有的信徒可能有孩子上学，需要做饭或者接送，有的需要照看老人，每日的参与时间难以作为一个非常有效的指标。但是，毫无疑问，来教会最早的一些信徒显然更加乐于奉献。

教堂修建过程充满了争执，但是合一的结果往往是有人做出了牺牲，促成了正面的集体行动。一般而言，教会修建总是一件让所有信徒都倍感兴奋的事情，然而，矛盾和冲突却也在所难免。于是，信徒相互之间的商量或协调，便显得非常重要。有时信徒个人的行为并不单单由自己决定，家人意见也会有明显影响。孟村教会建堂期间，有教务组成员受制于家庭成员的束缚，没有办法参与教堂修建，我当时便听到了一位妇女的喊声，"每天都去教会，你一家人喝西北风啊"。或许，这只是一个相对极端的案例，但是我们仍然可以看出有些信徒的家人即使在修建教会这样的大事上也不支持他们前去参与。

7.3.4 新型的公共空间

在教会活动场所经由私人住所转向公共教堂之后，从表面上看只是场所的改变，而如果我们深入分析却发现其实已经发生质的改变，因为其意味着教会开始从私人领域走向公共领域，并标示着公共空间从萌芽到正式形成。王春光（2004）认为，公共空间包括不受制于国家权力支配的社会组织或民间组织、社会舆论、民间精英三个部分。董磊明（2010）的看法比较相似，公共空间的形成离不开四个要素，即公共场所、公共权威、公共活动与事件、公共资源。我们将其进行某种结合，可以从公共场所，民间组织，公共权威，公共活动与事件，公共资源五个方面进行陈述。

第一，公共场所。人们可以自由进入，并且可以相互传递信息，交流思想，自由活动的场所，是公共空间的基本要素，而公众间的互动与交往是公共空间的重要成分。教堂建成之后，村庄及其周边村庄的村民，凡是对基督教活动感兴趣的人都可以自由进入教堂，在遵守某种公共规则（例如不大吵大闹，不随意走动影响他人）的情况下参与教会组织的各种活动，例如唱诗、听道、祷告、敬拜等。尽管部分活动例如圣餐礼拜具有成员身份的规制，但就绝大多数活动而言，并没有身份的相关要求。但在聚会点活动时，人们一般需要经由熟人介绍才方便进入聚会的家庭，陈村教会鲜明的"十字架"可以映入每个路人的眼帘，教堂的大门向任何一个人感兴趣的人敞开，人们不需要敲门即可进入。公共场所为社会事件发生提供了舞台（张纯刚，齐顾波，2014）。

第二，民间组织。是指独立于国家正式权力支配的组织。教会组织，便是此种意义上的不受国家正式权力支配的民间组织，其运行的目的也并非是出于某种经济利益或政治利益的诉求，而是更多地倾向于信徒的精神信仰生活。陈村教会已经逐渐形成了辐射周边 13 个村庄，"堂-点"结合的相对完善的组织结构，很大程度上满足了信徒在信仰方面的需求，并可以部分解决信徒在世俗生活中遭遇的苦难。教会有时会弥补政府社会保障缺位的功能和公共文化生活建设短缺的功能，例如教会组织的活动对很多老年人来说，构成其主要的文化生活和娱乐生活，并为他们提供了排解生活压力和孤独寂寞的机会；聚会点成员之间的相互扶持和帮助部分缓解了村民在农忙时节的劳动力需求，减少了雇工的支出；教会对于患病村民的关心也部分补充了农村合作医疗难以顾及每个人需求的困境。

第三，公共权威。陈村教会已经逐渐形成了以教务组（执事）为核心，聚会点小组长为辅助核心的宗教精英群体。执事的代理人身份（教会的管家）及个人特质逐渐成为教会的权威群体，而聚会点小组长成为各个村庄的宗教精英。宗教精英经凭借自身丰富的宗教知识、乐于助人的奉献精神、能说会道的个人性格逐渐成为宗教群体内部有影响力的群体。举例而言，在陈村教会，执事张蕾作为教会精英和范庄的宗教精英，信徒在遇到信仰或生活中的困难时，经常会找她去帮忙，有时是学唱赞美诗，有时是教义的理解，有时则是农忙时需要的互助，有时是疾病时需要的祷告，张蕾都愿意奉献自己的时间和劳动来帮助需要的教友。因此她在村庄基督徒中的地位很高，而且在村庄中也颇有影响。她们的个人魅力在凝聚信徒社会团结甚至村庄整合方面都有着积极影响。

第四，公共活动或事件。人们在生产生活中形成的，超越单个家庭的制度化与准制度化的集体行动。通过这些集体行动，村庄的价值规范、认同与凝聚得以维系[12]。在教会组织活动的过程中，教徒参与了教会组织的一系列活动，例如主日崇拜、奋兴会培灵、聚会点团契、圣诞节和春节庆祝等，他们参与的活动是一种非个体化的活动，所有活动都是通过群体公共生活的方式在教会或者聚会点展开。村民参与基督教会组织的各种活动，便预示着个人走出家庭的私人领域而参与到某种公共的活动中去，而这在教会庆祝圣诞节的集体欢腾景象时达到顶点，届时信徒以聚会点为单位通过唱赞美诗、演（基督教）小品、跳舞等方式表达自己对上帝的敬拜，都是人们走出家庭进入公共生活的标志。信徒在参与教会组织的各种公共活动之后，强化了自己的基督徒身份，并逐渐形成了新的价值规范和身份认同。

第五，公共资源。是教会所拥有的，用以维持教会的主日敬拜、圣诞庆祝、病友探访、设施更新、对外联系的以物质形态存在的教堂及其附属设施以及以资金形式存在的教会的乐捐收入，这些是教会经由多年发展逐渐积累和生成的。教会拥有的公共资源可以保证教会组织的顺利运行，也是教会公共权威维持的保证。宗教精英的影响力固然与其个人的声望和魅力有关系，但教会公共资源的分配权同样有助于强化其个人的威权，缺少了后者宗教权威便会显得比较脆弱。在陈村教会，自新教堂建成后，陈村教会又新添了很多新设备，例如：修建了车棚，可以保证自行车、电动车、三轮车等不会在雨天淋湿；添置了新的长椅并在上面铺设了毛垫，信徒可以舒服地选择自己的座位；安装了中央空调，给信徒提供了夏天不热冬天不冷的聚会环境；新购了被褥和锅碗瓢盆，可以接待外来的客人……

教堂修建后，教会逐渐形成了社区新的公共空间。首先，教堂修建标示着教徒从秘密聚会的私人会所向公开活动公共场所的转变，是教会发展成熟的重要标志；其次，私人聚会点从权属上来看毕竟是以某位信徒的个人住所为活动场所，难以真正将其界定为"公共场所"，而教堂而不属于任何单独的个人，而是某种公共的属于某个相对确定的群体；第三，教堂生活相对而言更加制度化，并需要有某个群体来组织确保其顺利运行。教堂修建作为教会发展史的"大事件"，客观上提供了一个公共空间，其象征"十字架"可进入每个路人的眼帘，逐渐成为一个开放的欢迎任何对基督教感兴趣的人都可以进入其中的空间。

7.4　小结

　　陈村教会采取"堂-点"结合的模式，有效地实现了教会的正常运行，并且逐渐形成了以聚会点为行动单位的组织形式，这种"堂-点"结合的方式同时消除了个体信徒行动时的不确定性。受诸多因素的影响，陈村教会的宗教权威可以用"女人当家"来形容。这是因为，教务组成员清一色都是由女性构成，换句话来说，女性支配了陈村教会的话语，而男性群体反而成为了"失语的人群"，这些男性教徒每次都会坐在教堂右后方的角落中[31]。这些宗教精英的特点是：识字比较多、能说会道、身体健康，有奉献精神且在家能够当家作主。他们在乡村社会逐渐崛起，正在形成一个相对统一而有力的群体，对其各自的地方社会发挥着显著的影响力。

　　我们需要特别关注宗教精英在地域分布中的分散与集中。精英的分散更容易形成多元的权力，有利于多个聚会点的奋兴。换句话来说，如果宗教精英相对平均地分布在几个聚会点（村庄），而不是聚集在某一个聚会点（村庄）时，就会形成多个聚会点均衡发展的现象；反之，宗教精英主要聚集在某一个聚会点，又以教堂所在地最为普遍，则会形成某一聚会点兴旺，其他聚会点衰微的现实，这显然不利于教会的正常发展。从宗教精英的社会影响力来看，现在仍然主要局限于信徒内部，他们对整个村庄的影响并不明显。作为乡村的宗教精英，他们不仅需要在信仰方面积极影响平信徒，还需要在世俗生活中为平信徒提供帮助，是一种"以自我奉献与牺牲为基础"的权威构建模式。如果宗教精英缺少奉献精神，则尽管其有精英的身份，却很难真正影响平信徒。同时，宗教精英本身是一个异质性明显的群体，各自影响信徒的方式也大不一样。对于平信徒而言，在地方村委会不作为的背景下，他们在生活中遇到难事时，更愿意寻求宗教精英的帮助。

　　对乡村教会而言，教堂修建是教会发展过程中的标志性事件，预示着教会发展到了一个新的阶段。毫无疑问，教堂修建是观察信徒集体行动的最佳场域，也是了解信徒奉献精神的最佳时机。对陈村教会而言，在缺少足够资金的背景下，教会通过县兄弟教会扶持、信徒捐款和借款、聚会点捐款等方式成功筹集建堂资金，最终在仅有少量资金的情况下完成了似乎不可能完成

---

31 在陈村教会，男性教徒一般都坐在教堂的特角旮旯，乡村社会固有的性别禁忌当然可以做出某种解释，但在乡村社会普遍男性当家的背景下，这种现象仍然显得颇为另类。

的任务，并被很多信徒以"神迹"或"见证"来形容神的大能。教会修建过程中，很多信徒都有长时间的接触，这为他们提供了相互熟识的契机。然而，从实际情况看，聚会点为行动单位在强化小群体团结的同时，却并未带来信徒人际关系的扩散。换言之，他们的人际关系并没有发生明显变化。最后，教堂的修建促成了乡村新型公共空间的产生，教会每周定期的宗教活动吸引着每个对基督教感兴趣的人。

第八章　参与公共事务

凯撒的物当归给凯撒，神的物当归给神。

——《新约·马太福音》22：21

19 世纪末，法国社会学家涂尔干发现当时的资本主义社会面临着严重的经济危机、社会危机和精神危机（杨善华，谢立中，2005：119-120）。社会整合处于一种从机械团结到有机团结过渡的过程。机械团结以一种强烈的"集体意识"为基础。在机械团结的社会中，社会成员有着相同的信仰、观点和价值观，有着大致相同的生活方式。有机团结则是随着社会分工的出现而出现的，它是建立在社会分工和个人异质性基础上的一种社会联系。现代社会形成过程中的各种危机可以归结为集体意识和社会规范的丧失（"失范"，即由于社会类型正在转变，旧的集体意识和社会规范已经失败，新的集体意识和社会规范还没有建立起来，社会处于一种"价值真空"或"道德真空"状态（涂尔干，2000）。100 多年前涂尔干所担心的社会变迁过程中出现的各种危机正在中国很多地区出现。传统的乡土社会是高度整合的，但在从传统走向现代化进程中的村庄必定会经历痛苦的分化过程，生于斯长于斯的乡土熟人社会正在因为私人生活的兴起而转向半熟人社会。

在告别全能的集体主义之后，农村社区集体意识在短短三十年内逐渐消失，孝道衰落、互助消失、"无公德个人"等现象开始出现，私人生活变革的同时引致公众生活迅速衰落（阎云翔，2009）。乡村集体文化活动逐渐凋敝，公共空间萎缩，私人生活逐渐兴起。社会秩序的构建和社区整合的形成面临新的困境，正如朱小田（1997）研究乡村茶馆变迁时所言，"所有这些村庄公共空间的结构样态和表象，在简陋的设施和喧嚣的人群背后，折射出的是村庄经济的荣枯，社区整合的强弱，人情世态的炎凉。"在赵旭东（2008）的笔下，尽管在传统的中国社会，社会秩序也有混乱的时候，不过人们最终会寻求原有秩序的恢复，这种秩序的重建依赖礼教的力量来实现，而在今天，传统的礼教力量曾经发挥的强大舆论监督力量正在逐渐式微，社会中个人之间的差异愈发明显，社区成员之间的情绪感受、价值观、信仰已经开始分化，乡村社会的高度整合正被异质性取代。社区成员之间的相互依赖性逐渐降低，社会联系的纽带也已经松弛，人们不再需要像过去一样依赖周边的邻居、亲戚、朋友也可以生存，农忙期间需要通过雇工形式应对暂时性短缺。"金钱至上"的糟粕观念弥漫在乡村各个角落，工具理性的观念正在取代传统理念和价值理念（贺雪峰，仝志辉，2002）。在乡土社会秩序遭受各种挑战的背景下，基督教作为一种外来宗教开始逐渐嵌入到乡村社会秩序中，然而其在社会秩序中扮演什么角色却是一个令人纠结的问题。

宗教群体的兴起与制度性权威的衰落之间存在某种不稳定的关系。在农村地区，身处行政管理系统（官系统）和村民自治系统（民系统）中间的村干部，作为行政性权力实践的代理人，其个人的决策动机和具体行动会因时因地而异，其行为决策也具有普遍的实践性、动态性的特点（梁振华，李倩，齐顾波，2013）。村干部作为某种混杂的半官半民的二元身份，尽管依旧在村庄秩序维系方面发挥积极作用，然而伴随着税费体制改革在农村地区的实施，其行政权力在某种程度上已经逐渐萎缩。[1]村民不再像往常一样在日常生活中受制于村干部的威权，而部分村干部对于村庄公共资源的分配权也不再遵循为村民服务的理念，而是优先于自己的家人、亲戚和朋友。此时，在村庄制度性权力缺位的情况下，村庄秩序的生成便更多地依赖于村庄的内生性秩序。

---

1 不同地区的村干部权威存在明显的差异，仅以田野工作地点而言，豫东陈村教会周边农村因为地方工商业不发达且没有丰富的自然资源，因此村干部对于村民的控制力很弱，而在晋中闫村，因为毗邻市区，近年来征地拆迁补偿的事情时有发生，因此村民热衷于村干部选举，而且村干部在村庄中拥有绝对的权威，在村庄换届选举中也会出现宣传、拉票、贿选等多种现象。

8.1 精英俘获：村干部的实践策略

8.1.1 精英俘获群体：体制内精英为主

在陈村周边，村庄精英在村民日常生活中的作用并不明显。但是作为治理精英的村干部由于是国家权力在村庄行政的依靠力量，因此他们有机会与乡镇干部结盟，从而自然地获取国家力量的行政支持，还使他们有可能较为便利地搭载国家制度化资源的便车，维护私己或小集团的特殊利益（孙倩，2004），而且在缺少有效监督的背景下，在农村治理过程中，村庄精英已经从"保护型经纪"转变为"赢利型经纪"（杜赞奇，1995）。作为贫困县，平安县经常会有扶贫项目进入范庄，但普通村民却很少真正受益，其原因是项目实践过程中存在比较普遍的精英捕获现象。这种现象被用来指称社区精英控制或破坏社区治理，干预发展项目的实施并影响社区发展和治理的现象（Aniruddha & Beard，2007），是社区为基础的发展项目所需要避免出现的问题，因为该现象的出现经常会导致项目偏离原初的设计目标，并会强化精英的权力。

一般而言，村庄精英可分为体制内精英和体制外精英两种类型。体制内精英，主要是指村民委员会和村党支部委员会的干部。体制外精英包括村庄经济精英与村庄社会精英（刘祖云，黄博，2013）。在豫东地区，尽管非体制内精英也在某种程度上影响村庄的经济结构和社会变迁，但体制内精英仍然是社区公共资源分配和外来干预项目控制和实施的主要群体。该群体在项目实施过程中，在考虑自己利益的同时，会给予自己亲戚、朋友更多获取资源的机会，并使他们在此过程中获取较多收益。而在此过程中，宗教精英作为村庄精英的一部分，在村庄结构性位秩中，受限于较低的经济发展水平和有限的社会关系网络，在整个村庄中发挥作用的范围更多地局限在宗教群体内部。

在范庄，村干部构成比较复杂，几乎涵盖每个主要姓氏，并形成了独特的宗族政治。范庄现在的八个村民小组中共有 17 个姓氏，其中 5 个为比较大的姓氏。各个姓氏聚居而居，形成了中国地方特色的宗族结构。然而，从信徒构成来看，各个小组都会有信徒。村两委成员的构成很有特点，主要姓氏都会有代表参与其中，例如张姓为文书和支书，杨姓为村委会主任，范姓为副支书，赵姓为副村长，周姓为纪检组长，每个姓氏的干部分管本村民小组的大小事务。这便于遇到事情时各个姓氏的村干部在小组内部处理。成员构成让村干部可以依赖上级政府所赋予的支配村庄公共资源的权利，调解民间纠纷的权利，协助维护社会治安任务得以顺利完成，并利于村庄秩序的稳定。然而，这是一种刚性的稳定，缺乏韧性，潜藏的矛盾也被压制了起来。这从某种程度上凸显出中国农村政治的圆滑性和变通性，村干部考虑的是如何维系村庄的秩序稳定，如何为自己的家人和朋友谋取更多的利益，而不是积极为村民提供更好的公共服务，谋取村庄的协调发展。

我们先以政府支持的种养殖扶持项目为例进行说明。2010 年，在县农牧局的支持下，范庄顺利获得了一个 30 万元的养殖业扶植项目，该项目旨在通过资金扶持促进村庄传统黑猪饲养的发展。然而，在具体实践过程中，村庄的两个养猪大户（其中一个是基督徒家庭）都没有获得该项目的任何补助。该项目三分之二的经费由村长获得，并修建了一个生猪养殖示范园，聘请专人饲养。当然，吊诡的是，所谓的聘请专人负责示范园，就是聘请了自己的父亲一个人打理养殖事务，而在项目周期过后因为收益甚微也便开始荒废了。那么，其余 10 万元去哪儿了呢？其中一部分用于争取项目时的请客吃饭，其余则以每个干部 1 万元的"福利"瓜分。

在项目实施过程中，村庄精英（通常是体制内精英）在管理发展干预项目的过程中总是优先自己占有大部分资源，最后才会把余下的分给穷人（Conning & Kevane，2002）。由于精英本身具有较强的群众动员能力，使得发展机构更愿意利用精英来动员群众参与项目，结果常常使发展起到了反作用或者相反的效果（Esman & Uphoff，1984）。在范庄案例中，村干部在自己优先占有项目成果之后，却并没有给其他村民分得任何好处。让我们回到养殖项目的故事：

> 养殖大户杨志军[2]，他家有老母猪 8 头，还有大猪小猪 100 余头，为了尽可能保证饲料自给，他还耕种了 40 余亩地玉米，这样，他们一家人几乎把所有时间都用于种植和养殖活动。在他听说村庄有养殖项目之后，也曾去找村干部表示自己愿意参与，但村长表示因为资金有限，只能建设一个园区，所以他被无情地排除出这个项目。

---

2 杨志军，是村庄养殖大户，已有 20 多年养殖历史，其妻子因为疾病的缘故委身基督教，并在教会受洗。尽管家里有很多繁杂事务，但郭菲仍会抽出时间参与教会活动。

那么，我们会想，是否村长家原本也有比较大的养殖规模呢。答案是否定的，村长自己并不从事生猪饲养，尽管其父亲多年来一直发展养殖业，但规模最大时，猪的数量也不足 10 头。如果事情只是如此倒还罢了。自从村长自己开了养殖场之后，杨志军家的老母猪的补贴就减少为三头，似乎也没有给出什么说法。

2012 年，当我访谈郭菲时，她对这件事情的解释是：

> "现在的村干部，从农民手里拿来的钱，有的（贪官）自己揣腰包，有的交给上面，都是老百姓出冤枉钱，当官的得黑心钱。村长的老爹养猪都是项目款，但是真正的养殖户却难以获得项目的扶持，这些事情太不公平了。……现在村庄里面的项目，只有那些有权有势的人才能得到好处，自己家努力发展养殖却难以获得任何好处。"

对于村干部贪污腐败的事情，她滔滔不绝，背后折射出万般的不平、愤恨与无奈。作为一名基督徒，尽管忍耐是教会劝勉的品格，但在自己遭遇到不公正的待遇时，她显然认为村干部的行为与她接受的教义存在根本冲突，而且这种现象也很难有所改变。

中国农村社会保障制度的实施存在瞄准偏离的现象，低保指标的分配便是一个众所周知的例子。低保享受对象包括四类人群：困难户，包含特困户和残疾户；"失范户"，因为遭遇到社会转型的失范效应，大多是遭到子女遗弃的老人；福利户，福利户是村组（生产队）中曾经担任过较长时间干部，后因年事已高退下去的村民；关系户，就是各村民组中与村组干部关系较好的人家（贺雪峰，刘勤，2008）。在指标分配方面，村干部总是优先自己的家人和亲人，这从村主任叔叔领取低保的故事便可看出。一位已经 87 岁的老信徒张王氏[3]磕磕巴巴地讲述了自己对的看法：

> "在我们村，有关系的人才能有低保。现在我都 87 岁了，村里也不说给个低保，我去问村里，他们说现在需要的人多，过几年再给你。村长的叔叔才 60 多岁，照样领着低保。有低保的都是和村干部有关系的人，没有关系的话什么好处都捞不到。村里有的家庭，人都没了，照样拿低保呢，你说说你都离开几年了，儿子接着领低保的钱。活人都领不到钱，你说说，死人还领着钱呢。"

---

3 张王氏，丈夫姓张，自己姓王，她总是这么和我说自己的姓名，还带有过去的遗风。

诚如张王氏所言，乡村的低保已成为村干部为自己及亲属获取利益的机会，早已脱离了其原本的社会保障功能。村干部在发展项目中的俘获行为及其在社会保障中优先亲属的行为，让普通村民难以获得实实在在的好处，并造成制度性权威衰落的意外后果。

8.1.2 制度性权威衰落："谁当干部都一样"

项目区域内外力量的互动与合力、参与式发展悖论的存在、农村社会分化及精英角色转变、发展项目信息与参与权力的不均衡配置和发展项目的门槛效益是导致项目区域内精英俘获出现的重要原因（邢成举，李小云，2013）。如此行为的结果导致制度性权威的衰落，村民对村干部群体并无信任可言。尽管村庄行政权力仍然在官方话语体系中占据支配性地位，然而在民间的影响力却在逐渐减弱。村民普遍认为现在的村干部已经不再为村民服务了，他们都是在为自己考虑，甚至用"发展，发展，就是干部发展"这样的戏言描述村干部的行为。与此同时，村庄里流传着各种各样的关于村干部如何为家人和亲人谋取利益的传言，如何通过"分赃"的方式分配政府支持的项目资金，如何通过各种途径侵占他人的财产[4]。

村民由于自身缺少政治参与的热情，也缺少参与村庄公共事务的机会，他们已经习惯了"我不操心村里的事儿"。村民对其政治参与的冷漠态度有着自己的深层认识，"谁当村干部都一样，反正我都得不到好处"，这便是说村民难以获得实质性的好处。这样一种世俗的想法，在诸多村民的访谈中都得到了呈现：

> "村民选举在家里选，选谁签个名就好"；"选谁都没意见，跟自己没有什么关系"；"不参加选举，他们自己写的自己选，也不征求老百姓的意见，自己也不太关心这个事情"；"不太关注村子里的事情，而且选举的时候就是他们拿着选票让自己家里打钩，然后就选出来了，都是他们自己定的"；"村干部谁想当谁当，选谁都好，都无所谓"；"现在当官的都为自己服务，所以谁当都可以。"

村庄正式权力在塑造村庄秩序无力的同时，为基督教群体形塑另一种秩序提供了可能。这种新的秩序以教义为基础，以信徒个人道德提升为核心，既不同于正式的权力体制形塑的秩序，也不同于传统乡土社会的内生性秩序。

---

4 在我过去调查的经历中，几乎每一个去过的村庄都流传着村干部贪污的各种传言，有的是真实存在的，有的则是村民的想象。

8.2 教会与村庄：以村民选举为契合点

教会与村庄的关系，总是能够吸引学者的兴趣。有学者指出，国家政权除了法律对农民的不在场有威慑作用之外，农村几乎处于政权权威的真空之中，而基督教势力也就是在这个时候乘虚而入的，并在某种程度上充当了农村社会的权威角色（吴理财、张良，2010）。有些村庄的基督徒甚至直接影响到政府对基层的管理层面，而有些村党支部，为了保持影响力，不得不加入教会组织（于建嵘，2008）。但是，也有学者认为，基督教群体其实只是消极性地参与村庄治理（罗兴佐，2003）。现有研究多数采取个案研究的方式，所以只能说代表某一种类型的关系，教会与村庄的关系及其发展趋势在很大程度上取决于基督教组织力量的发展以及宗教群体与正式权威在互动中不断建构的关系（李浩昇，2011）。

对于教会与村庄关系的讨论发生在当代中国农村面临治理危机问题的背景下（肖唐镖，2003；陈双鹏，2004；陈剩勇，2009），基督教在农村地区的快速传播是因为基督教（教会）在某些方面提供或者补充了原本应该由村两委、宗族、民间组织提供的公共服务功能，如果这种说法会招致质疑的话，基督教群体客观上在农村发展过程中所提供的功能则是显在的。那么，研究社区的具体情况又如何呢？

与普通村民相比，村干部更倾向于从自己是社会精英的视角出发而将教民看作"弱势群体"，并认为他们对村庄很难发挥影响，村庄的大小事务还是需要村干部来维持。我们来看副村长赵晓军[5]的表述：

> "村委会不管信主的事情，这些都是村民自己的选择，和村里没有关系。信主的人以老太太和妇女为主。一般信主的，都是家里不怎么好，像家里有人身体不好，有时也不见得是信主的人身体不好，也可能是家里人身体不好。有时候，就家里出点儿啥事。如果是年轻人，你给钱让他们去信也不信。但是咱也不能说信主的人都是家里条件不太好，应该说都是家里出了点啥事，约莫着可能是家里不平安，信主求平安。有时候他们也会有一些娱乐活动，一般都是唱唱歌，有时候也会跳跳舞，不过我觉得一群老太太跳舞有啥意

5　赵晓军的母亲生前也是基督徒，当时因为生病的缘故而信教，但并没有招致赵晓军的反对。

思呢。我母亲生前也信教的，她信教时我也没有反对，心里想着她每周都去教会跑跑也不错，就当是锻炼身体呢，老年人岁数大了，在家也没有什么事情。从整个村庄来看，他们这个群体，都是些老弱病残的人。我想着，基督教在农村，不会发展地很好，也不会发展地不好，这些都无关紧要，都是个人的爱好，人各有志，顺其自然。"

从赵晓军的表述来看，村干部更倾向于从乡村基督徒的世俗特征做出判断，并认为他们对村庄没有影响，也难以发挥影响。如果从世俗生活的角度来看，乡村基督教群体成员大多数由村民口中的"老、弱、病、残"构成。这一描述从一个侧面反映出信徒在村庄中的弱势地位，用一位信徒的话来说，便是"村里的人看不起我们信主的人"。从实际情况来看，陈村教会很少会参与村庄的公共事务，而是更多地专注于自身的发展，"只关注主的事儿"是教徒言说最多的话语。教会在慈善活动和公益活动方面是被动的，或许受制于近年来一直偿还教会债务的缘故，他们现在还没有参与慈善活动的意识。当然，当教会尝试在村庄进行更多活动时，我们也需要重新定位教会与村庄的关系。

在研究社区，村民参与村庄集体事务的机会非常有限，仅有的参与机会也只局限于村委会换届选举时的仪式性出席。在不同地区，村民选举过程存在很大差异，然而实质是相似的，那就是选举过程多数流于形式，民选的村干部也不能很好地代理村民的利益。伴随农村经济合作组织和农村文化组织的成立和发展，乡村社会的多元权力格局初步呈现，然而，在缺少政府制度性支持的背景下，村两委一支独大的地位仍然难以动摇，并将继续处于支配性地位。下文主要以范庄为例进行阐释。

范庄没有教堂，但因为距离陈村教会仅有不足 1 公里的缘故，所以信教人数较多，大约有 60 人左右，且有相对固定的聚会点。从范庄基督教群体的人员构成来看，主要是妇女和老人，男性只有三人且很少参与聚会点组织的宗教活动[6]。尽管，范庄并无村干部家属皈依基督教的现象，但已有老党员的妻子和儿媳信教的现象发生。与很多中原农村一样，正统基督教经常会遭到异端争夺信徒和其他的侵蚀，范庄也不例外。范庄信仰"女耶稣"的信徒主要分布在四队，有十多人，年龄相对比较年轻，开展活动的方式也比较秘密，即使本村村民也难以言明详细情况，只说她们信仰"女耶稣"、"哭教"，而且

---

6 因为信徒几乎都是女性，他们认为自己去聚会点参加聚会不方便。

与她们联系的人并不会使用真实的姓名和真实的住址。与基督教聚会点的信徒不同，信奉"女耶稣"的信徒经常会外出"学习"、"旅游"、"打工"，有的一次时间长达一个多月。范庄曾发生因为媳妇信仰女耶稣而导致家庭关系紧张的情况，其主要原因是公公看不惯儿媳妇整日不务正业，不洗衣做饭，不做农活，而专注于所谓的灵修。

范庄村民参与村庄政治事务的方式非常简单，即使是新农村建设整村规划这样的大事，普通村民都呈现一种集体失语的无奈态度，诸多村庄政治经济事务皆由村两委决定。村民所谓的"政治参与"仅限于三年一届的村委会选举，而且只是一种象征性出席。以2011年村委会选举为例，村民由于自身缺少政治参与的热情，已经逐渐接受一种仪式性走过场的行为，因此选举对村民来说意义不大。在访谈中，46岁的村民张伟表达着自己的想法：

> "我们村现在的村长杨家强，之前是副村长，还是电工，选举时也没人和他竞争。现在村里的事情几乎都是他说了算。当时村子里也说要搞村民选举，但是没有什么人去，因为你去不去都一样，结果都是他当选。后来便是到每家去进行登记，村民只需划勾即可，然后便宣布选票结果了。谁都不知道有多少人划了勾，结果怎么样，总之就是他当选了。在电视上，有时也看到别的地方村民选举的事情，但是在我们村选不选一个样，谁当选一个样，我们都不在乎，好像啥事情都没有发生一样。"

85岁的老信徒陈娥有着相似的看法：

> "我对谁当村干部都没什么意见。村里又要换村干部了，我太婆子一个，瞎操什么心呢。再说了，就算操心也没有用呢。现在的村干部都是为自己着想，哪还有人为村民办事呢。你看看现在的那个村长，几年吃得胖胖的，自己当着村长，当着电工，村里申请到养猪项目也给他父亲了。现在的干部一个个都贪得很，有好处也轮不到我。就说这选举吧，他们到我家里说，想选哪个选哪个。我又不识字，他们便让在一个名字下面划了勾，就算选完了。"

从他们的访谈中，可以看出大部分村民都不关注村委会的选举。但是，乡村基督徒都表示会顺服掌权的人，并积极配合村干部的工作。他们之所以这么想，是因为"顺服"在圣经中是一个很重要的教训，也是每一个基督徒需要具备的品格。在调查中，曹婷婷进行了很好的解释：

　　"《罗马书》说了：'在上有权柄的，人人当顺服他。因为没有权柄不是出于神的。凡掌权的都是神所命的[7]'，《提多书》也说了'你要提醒众人，叫他们顺服作官的，掌权的，遵他的命，预备行各样的善事[8]'。这就是说，没有权柄不是出于神的，既然掌权者的权柄是出于神的，所以神的儿女就要顺服掌权者。所以，一个基督徒不仅应该顺服神赐给掌权者的权柄，而且应该顺服神所设立的各样秩序。我们基督徒都要顺服当官掌权的人，做好自己本分的事儿。我们祷告的时候，也会为当官的、掌权的人祷告，求神赐给他们聪明和智慧，为老百姓服务。"

　　对范庄基督徒来说，他们并不会积极主动地参与村民选举、村庄治理这样的政治生活，但这并不意味着他们毫不关注村庄政治，而是因为教义让他们选择顺服。他们都认为自己会顺服村干部，是因为掌权的人也是出于神的拣选。这种对于教义的理解和解释在她们遭受村干部的剥夺行为时选择了沉默。举例而言，2007 年范村修建新村委会，征用了原来一队的打谷场，但补偿却迟迟没有到位。我们来看看李莉莉的故事：

　　2007 年，村委会修建新办公楼，她家里的耕地被占用 0.8 亩，当时村委会承诺会按照每亩 3 万元的金额赔偿，就是说可以获得 2.4 万元赔偿。然而村委会在给了 6000 元土地占用费后，以村委会资金紧缺为由拖欠，一直拖欠到现在尚未给予合理的补偿，慢慢地她也就心灰意冷了。她似乎从来没有想过通过上访或者其他途径争取这部分资金以便缓解子女上学没钱的困境。因为她表示"主叫我们和掌权的人打交道时要选择顺服，我只能把这件事情交托给主，期待主能保守我，让村干部尽快补偿耕地占用费。"

　　范庄是"原子化"的乡村，尽管也有宗族和小亲族，但是村民普遍缺乏参与村庄公共事务的心态，也缺少参与公共事务的机会。如果我们深入了解村干部群体的个人构成，会有意外的发现，例如：支书、村长、副村长、文书等原本就是同学朋友关系，他们遇到事情时会相互商量处理，在遇到项目进村时，也会采取"瓜分"的方式，普通村民没有受益。

7　《新约·罗马书》：13：1.

8　《新约·提多书》：3：1.

8.3 文化生活再造：新型公共生活的诞生

8.3.1 乡村公共生活的衰落

人民公社解体 30 多年来，国家权力逐渐从农民的私人领域中退出，以集体为单位的群体被分散为以家庭为单位的个体。市场经济从一个抽象的概念逐渐演化为无处不在的事实，传统的小农经济在强大的市场力量面前几乎毫无招架之力。农民的生产方式和生活方式发生了翻天覆地的变化。一部分农民为了家庭的生计和子女的未来离开自己祖辈生活的农村，前往城市寻求美好的生活，然而残酷的现实却一次次地敲打着他们美丽的愿望；一部分农民选择了继续生活在故乡的土地上，然而以家庭为生产单位的农民其生活范围逐渐囿于一个狭小的范围，农民之间逐渐呈现原子化的倾向。原子化小农（贺雪峰，2003）带来农村私人生活的兴起和公共生活的衰落，尽管政府长期宣传物质文明建设和精神文明建设协同发展，然而现实的人们更多地将其注意力集中于物质的追求，发展也被单向的理解为经济的增长。对于村庄传统文化来说，发展便是"魔鬼"（Nustad，2010）。

在此背景下，农民缺少文化生活，农村文化生活日渐败落的尴尬现状已经成为中国诸多农村发展过程中的病痛。"日出而作，日落而息"的传统生活方式仍然在很多偏远农村得以延续，"早上听鸡叫，白天听鸟叫，晚上听狗叫"成为很多农村文化生活的真实写照。在农村冬闲时节，忙碌一年的村民总算寻找到一份清闲，外出务工的农民工也回到家乡，这本应该成为乡村家人、亲戚、朋友团聚的欢快时刻，也是农村开展文化活动的最佳时节。然而，许多农民却无所事事，只能蹲墙根、晒太阳、打扑克、搓麻将。即便作为中国传统节日的春节，文化娱乐形式仍然以看电视、打扑克和打麻将为主，缺乏其他形式的文化活动。对老年人来说，他们对乡村社会公共文化生活的丰富历史记忆与当前文化衰败现状形成强烈反差；对于青年人来说，基于共同参与公共文化活动而形成的集体记忆在他们头脑中已经一片空白，村落公共生活的衰落因其缺少个体的参与逐渐引发村民对于村落认同的困境，进一步加剧了原子化村庄的形成。

村庄公共文化生活的衰落与村民对文化生活的强烈需求形成了对比，农民在物质生活逐渐提高的情况下精神生活却日趋空虚。与此同时，"失范"这一涂尔干提出的社会学核心概念逐步成为解释诸多当今农村现实的概念，传统的价值体系正日渐衰微，新的价值体系尚未形成，人们正处于道德的真空状态。农村出现了很多通病，赡养老人这一中华文明的传统美德被越来越多的村民抛弃，而外出务工养家糊口的话语也为很多人的行为披上了合法的外衣；亲戚邻里互助行为的显著减少，季节性雇工成为主流，村民之间的情感性关系逐步被市场经济理性的工具性关系所替代；村民们曾经佩服的是"受得下苦"，有本事过生活的人，而今天"有钱"却成为衡量个人成功的最重要标准，"谁有钱谁走路都是横着走"，"认识外边的大人物也成为村民炫耀的资本"。在传统伦理日趋衰微、传统道德日渐衰落的背景下，一些农民需要一种宗教信仰能够为其提供精神支持和心理寄托，需要一种超越世俗道德规范的神圣力量规范个体。民间宗教的复兴是一种形式，而基督信仰则是另一种形式。基督教"爱人如己"、"积善修好"、"人人平等"、"诚实守信"、"勤俭节约"等的教义宣传，读经、祷告、唱诗、聚会、听道等丰富的宗教活动，"活着得平安，死后得永生"的对生活的美好盼望吸引着很多村民。

吴理财（2007）以安徽省为例，就农民的文化生活进行了详细的比较研究，并认为农民的私性文化生活有了长足发展，农民的公共文化生活总体趋向衰落。具体而言，农民私性文化资源较为丰富，但是活动单一，传统的民间公共文化活动有所复兴；但是农村公共文化资源缺乏多样性，基层政府组织的公共文化活动稀少，难以满足农民日益增长的健康文化需求。这样的描述在我的案例研究地点同样存在。伴随农村私人生活的变革，农民文化活动的参与呈现以家庭为单位，以看电视、打麻将、打纸牌为主要形式。

近年来，国家正在逐步改变"重经济，轻文化"的发展思维，日益重视农村文化。尤其是国家实施的社会主义新农村建设运动，将文化建设摆放在非常重要的位置，并致力于开展多种形式的体现农村地方特色的群众文化活动，希望可以丰富农民群众的精神文化生活。在此背景下，国家在诸多农村开启了送戏下乡、送书下乡、电影下乡、科技下乡等文化下乡活动，并试图提高村民的文化生活水平。然而，政府实施的文化建设政策及其相关实践真的有效吗？从调研村庄的情况来看，政府政策实践的成效并不明显，多数项目流于形式。以范庄为例，村委会在上级政府的支持下建立了图书室，并逐渐丰富了图书的馆藏数量，图书的种类也涉及农业生产技术类、小说类、文学类等多个种类，并开展了读书活动。然而，受自身文化程度的影响和繁重的生活压力的束缚，村民很少会去图书馆借书翻阅；村庄成立了合作社，并组建了文艺队，组织妇女敲腰鼓、扭秧歌，但短暂的喧闹之后就回归沉寂；村庄组织了放电影活动，然而公映的电影多数都是老电影，村民早已通过电视、DVD、电脑、手机等途径看过，对其没有兴趣。

8.3.2 农民文化生活的形式

农村的公共文化组织呈现涣散的现实，小商店成为村庄主要的公共活动空间，这些小商店的地理位置都集中在村部的中心地带，都在马路边上，商店里面一般卖一些烟酒副食，大部分商店兼开麻将馆，供村民消遣，打扑克或打麻将，顺便销售饮料、烟、食品。村庄的十字路口成为另一个主要的公共活动空间，村民们乐此不疲地在那里闲聊，从国家大事、政府领导到村庄小事、家长里短，日复一日重复着简单的生活[9]。

1. 看电视

在调查地区，看电视已成为村民最主要的文化生活方式，电视的普及率也已经达到100%。电视台的增加、电视节目的丰富、播放时间的延长为村民提供了更多可供选择的节目，并可以满足不同层次村民的需求。于是，农民的主要闲暇活动多数选择在家看电视，偶尔去邻居家串串门，去十字路口闲聊，除此之外便没有其他形式的精神文化方面的活动与娱乐。然而，电视播出的节目内容，例如豪门恩怨、魔幻奇侠、剿匪抗日、帝王争斗、妖魔鬼怪等，离农民的现实生活比较遥远，农民的精神生活并不能从中得到真正的满足，而且缺少互动和交流的娱乐方式并不能带来真正的乐趣。于是，麻将、纸牌便成为人们闲暇时期的文化娱乐活动。对于很多村民来说，在缺少物质激励的情况下，麻将和纸牌都难以找到刺激的感觉，"小赌怡情"也成为每个人的口头禅。

电视普及对人们生活的直接影响，从村民吃饭的地点便可以看出来。在上世纪90年代，村民吃饭的地点多数会选择在屋外，因为吃饭时间相对固定，所以每次吃饭时，邻里之间的相互交流都非常普遍。换句话说，人们并不需要专门的"串门"，门口本身构成了村民相互交流的场域，吃饭则提供了交流的契机，这些都是自然而然发生的。然而，电视的普及逐渐改变了这一形态，一家人坐在电视前面，边看电视边吃饭成为一种新的生活方式。这种生活方式的改变，使吃饭成为一件纯粹私人的事情。

---

9 手机已经成为农村人最重要的娱乐方式之一，但主要受年轻人追捧。我自己的研究对象以中老年人为主，故不进行专门分析。

有研究指出，农民对电视的选择并非随心所欲，而是依托于其生活的村庄以及村庄的生活伦理（欧阳静，2008）。然而，尽管电视节目日益多彩多姿，但电视市场运作以收视率为指标，因此很多节目都与农民无关。随着农民经济收入的不断提高，电视成为农民家庭中普通的家用电器，看电视成为农民文化娱乐生活的主要内容。电视下乡与农民文化娱乐生活的变迁有着密切关系，电视机在农村普及的过程，正是乡村社会公共文化娱乐生活不断式微的过程，电视下乡填补了乡村社会公共文化娱乐活动萎缩所留下的空白。从文化活动参与的角度讲，看电视并不是一种公共性的文化娱乐方式，当看电视成为农民主要的文化娱乐活动时，农民的文化娱乐活动呈现出家庭化的特点。

如前所述，聊天和乡村夜话在乡村社会中是生产公共舆论的重要场所，也是乡村社会人际传播的重要形式。在乡村社会里，聚众聊天过程中产生的舆论是维持地方性规范、约束惩罚越轨者的内在性力量。电视下乡，麻将馆的繁荣不仅从形式和规模上改变了聚众聊天，而且也改变了聊天的内容。妇女聊天的内容中家长里短逐渐减少，而是开始喜欢闲扯国内国际新闻，聊天的主题离村庄生活越来越远。电视媒体技术在乡村社会的存在，以人们很难觉察的方式，在农民的生活中建立了一个新世界。电视下乡，在丰富农民文化娱乐生活的同时，也消解着乡村社会的公共文化娱乐，电视媒介成为乡村社会变迁的推动器（张世勇，2008）。

在电视出现前，村民经常聚在一起聊天，村庄熟悉度较高。电视普及之后，农民独自在家里看电视，农民之间的私人交往发生了变化，导致村庄生活出现了所谓的"半熟人化"。在代际关系松散，家庭日趋核心化的背景下，老人通过电视或许能得到些许安慰。在我国北方农村，"饭市"曾是传统的村落社会里的一个主要和活跃的信息平台，人们端着饭碗出门，聚集在村中某处，边吃边聊天。"饭市"同时也是一种活跃的群体传播方式和典型的村落公共空间。然而，电视在农村的不断普及正在使这一现象日趋衰落（陈新民，王旭升，2009）。

电视或者说大众传媒的触角已经深入了乡村社会生活，小小村庄自然很难抗拒外界的涵溶，"饭市"衰落已然不可避免，其所具有的社会整合功能也日渐消失。随之而来的是传统宗法制度和道德的式微，村庄秩序和规则失去了必要的社会支撑。从"饭市"的由盛而衰到电视的不断普及，这一乡村社会传播方式的革命性变化引发了乡村社会的不断变迁。村民们日益独立，村庄权威不断衰败，乡村道德秩序和传统规则被打破，所有这一切都表明传统意义上的村落共同体已经日益松散，人们越来越原子化、异质化，村庄的空间边界和心理边界也越来越模糊。姑且不论这些影响是积极还是消极，就目前来看，迅速进入的现代传媒远未建立起新的适合乡村社会的规则和秩序，现代化命题之下的乡村社会发展仍在传统和现代的夹缝中左冲右突（陈新民，王旭升，2009）。电视的普及，在很大程度上影响了人们公共生活的方式，并促成了私人生活的兴起。

2. 打麻将

在调查过程中，我惊奇地发现调研村庄的小卖部同时提供场所供村民打麻将或打扑克之用，这似乎成为了一种新的农村消费和娱乐相结合的方式。在范庄，村庄 7 个小卖部有 5 个提供麻将桌和麻将，并且有时直到晚上 12 点才关门，在"麻友"[10]不足时，小卖店店主也会参与其中，提供热水服务，且不收费。在有的地方，麻将馆已经成为人们打牌、打麻将的主要去处，这些麻将馆有的是专门开设但是也会购买饮料和食品以供销售，有的则是小卖部兼开麻将馆，麻将馆的快速扩展改变了过去人们打麻将寻找邻里的现状，村民不再担心没有麻将友，打麻将时找不到人的现象也不再存在。

近年来，农村麻将馆像雨后春笋一般迅速扩张，村民偶尔去娱乐一下也未尝不可，但有些村民痴迷于麻将，整天无所事事，成为了麻将馆的座上客。为了较好地了解村民对打麻将的看法，在调查问卷中，我专门设置了"您如何看待村里打牌和打麻将的现象"这一问题。

关于打牌、打麻将，受访者有着不同的观点。例如：

> "其实就是一种娱乐活动，在家闲着没事的时候，几个人凑在一起娱乐一下。打牌和打麻将玩钱，主要是为了增加刺激，并不是赌博，输赢并不重要，主要就是消磨时间。"

> "什么人才能进天堂呢？她打牌，我们管不着，自有主来管他的。他犯罪不犯罪是他的事情，我们只有为他祷告，因为主说的是主的事情，我们每天为当官掌权的人祷告，我们为有疾病的人，为他们祷告。"

在调查中，人们半开玩笑地说着，"十亿人民九亿麻，还有一亿斗地主"。由此可见，麻将已经逐渐成为人们最主要的闲暇生活之一。春节原本是家庭

---

10 经常聚在一起打麻将的村民之间互称"麻友"。

团聚的节日，全家人坐在一起吃饭、聊天、看春晚，也是一种惬意的生活。然而在走亲串友的过程中，我发现，春节期间最为火爆的竟然是麻将馆，人们吃完饭后便径直走向麻将馆，然后在下一个饭点再回家。

3. 跳广场舞

跳广场舞逐渐成为很多妇女新的文化生活。在国家实施社会主义新农村建设的战略方针之后，农村文化广场建设成为很多地方新农村建设的一个重要内容，各个地方的农村先后掀起修建文化广场的热潮。一个文化广场给农村带来的变化是显著的，因为伴随广场舞这种新式文娱活动的普及，喜欢跳舞的妇女逐渐有了新的积极的文化娱乐活动，并逐渐改变了部分妇女闲时打麻将、打牌的传统。在没有围墙的公共空间中，任何个体都享有加入其中的权利，农民逐渐拥有了自己的公共文化娱乐活动中心，部分村民的生活方式正在悄然发生改变。不论是夏天还是冬天，喜欢跳舞的妇女在夜幕降临时便自觉地来到村文化广场，他们听着耳熟能详的歌曲，逐渐改变了每逢夜晚便在家看电视的习惯。毫无疑问，文化广场的修建为村民提供了新的娱乐方式，然而对于不喜欢跳舞的妇女和男性村民来说，他们的生活并未改变。

在文化广场修建的同时，作为文化下乡的一个重要内容，体育器材下乡也成为农村文化建设的一个重要内容。然而这一项目并未对农民的文化生活有实质性影响，因为对于常年从事农事生产活动的村民来说，他们并不需要专门锻炼身体。正如陈村妇女杨丽娟所言，"在农村地区，每天都需要干活，在农忙的时候更是累的要死，根本用不着再去锻炼身体。这些体育器材都是城里人每天坐办公室，不做什么体力劳动才需要的，农村人根本用不着。"但在每个村庄，喜欢跳广场舞的妇女毕竟是有限的，男性村民参与的人数特别少，因此事实上广场舞只是解决了少部分人的需求。

4. 赶集

集市，这一曾经为人们熟悉但一直被忽视的村落公共文化空间在村民人际交往和社会联系方面发挥着积极作用，在集市上闲逛早已成为村民日常生活的一部分。集市是传统小农经济模式下的产物，但在市场经济日趋发达而传统经济日渐衰落的背景下，集市仍然是我国农民生活中不可缺少的基本贸易形式。集市并没有因为市场经济的快速发展和乡村小卖部货物品种的日渐齐全而衰落，反而呈现日益繁荣的态势。这种历史悠久而又司空见惯的集市，除了承担作为村民交换商品[11]场域的经济功能之外，早已逐渐融入村民的生活。对村民来说，赶集已经成为一种生活方式。下面以豫东范庄集市的状况进行说明。

范庄集市农历日期逢四、逢九举办[12]，一般规律是每五天一场集市。到腊月、春节期间最为繁忙，而麦芒时节就略显冷清，其原因主要有两个：其一是冬天很多外出务工的村民都已经回家，增加了潜在的购买人群；其二是村民有在庭院种植蔬菜瓜果的习惯，夏天人们多数消费自产的蔬菜，购买需求不足。在集市上，生意最红火的摊位是卖食物的，甚至常常脱销。在摊位方面，水果、蔬菜、熟食、糕饼、干货等物的摊位占了一半以上，剩下的便是一些衣物、鞋、手表、玩具、五金、修鞋等摊位，他们摊位前的顾客明显比食物摊位前的少很多。这些摊位绝大部分并不只是在范庄集市经营，而是流转于周围的各个集市，由于各个集市的时间交错，他们几乎天天都有生意做。

农村人都赶集。赶集在农民的生活中占有重要的地位。在与范庄人的聊天中，当问到他们农闲和其它闲暇时间会做些什么事时，村民会说："去赶集啊"。村民们对附近的集市都非常熟悉，在我们问到附近几个村集市的情况时，村民们提供的信息都很详实。村民赶集除了购买日常用品或出售商品之外，还出于一种娱乐的心态，村民们聚在一起拉家常时，也常常会交流一些他们在集上遇到的事情，比如在路上和村里的妇女开玩笑，集上谁卖东西如何骗钱等等。范庄的集虽然规模不大，形成时间也不长，但逢四、逢九集市上人来人往也颇为壮观。人们在集市上也会碰到不同村庄的陌生人，他们攀谈的方式首先是拉关系，如："我的某某亲戚朋友也在你村上住，你认识不？"通过这种方式来拉近距离，然后双方再来交谈。不过，这些在集市上认识的人通常只是点头之交，虽然下次他们遇见还会打招呼，但也仅限于此，不会因此而产生人情往来。

然而对于原本便认识的熟人来说，集市的交流便会具有深层的意义。集市是人们获得信息来源的重要场所。诸如婆媳不和、子女考学、修建新房、新人结婚、老人过世等新闻在集市上你传我，我传你，就会成为人们街头巷尾茶余饭后议论的话题。集市与婚姻圈的关系也是一个很有意思的话题。如

---

11 之所以用交换商品，而不用购买商品，是因为很多村民也会将自家生产的蔬菜、瓜果之类的拿到市场上销售。

12 即农历每月初四、初九、十四、十九、二十四、二十九。

施坚雅（1998：45）所言，市场社区对于人们择偶具有重要价值，"农民常常在市场社区内娶儿媳。媒人们和适龄小伙子的母亲们有相当大的保证，可以在整个基层市场社区中寻找未来的儿媳……总之，基层市场社区中有一种农民阶层内部通婚的特别趋向"。张蕾的儿媳妇便是经由集市上的闲谈，到双方家长见面，并最终订婚的。张蕾有一次在集市赶集，恰巧遇见一个好久没见的老同学，便开始闲谈，问现在的家庭情况，问子女的工作。当说起儿子已经 24 岁，还没有对象现在还在发愁的时候，老同学便说着她邻居的女儿岁数也差不多二十三四岁了，现在也没有婆家，如果愿意的话可以回去帮忙撮合一下。后来，在老同学的撮合下，便互相见面，说成了一件亲事，她打消了自己的焦虑。由此可见，集市的意义并不仅限于商品，而是人们生活方式的一种呈现。

8.3.3 宗教生活作为新的文化生活方式

农村公共文化生活呈现衰落态势。由于社会变迁的不可逆性，这种态势在未来很长一段时间内都难以发生根本改变。尽管近年来地方政府在农村实施了诸多文化广场建设、体育器材下乡、农家书屋推广等促进农民文化生活的活动，并在一定程度上丰富了农村的文化生活。然而，这种由政府发起的自上而下的以"新农村建设"为名义的文化建设运动，并没有发挥预期的效果，其实际的效用仍然比较有限，真正受影响的人群也有所局限。举例而言，国家为完善乡村体育设施建设而开展的"体育器材下乡"活动几乎没有效果，农村人经常起早贪黑地干活，他们并不需要去"锻炼身体"。"农家书屋"早已经沦为上级部分检查的"工具"，平常生活中并无专人照看，也无村民前来借书。简言之，文化建设的效果并不明显。

精神文明建设这一不断被电视、广播、报纸、网络等宣传的政策或许更多的只是一种对于当代国人精神生活空虚的政策回应，这一呼喊多年的口号至今尚未引起人们真正的重视。看电视，已经成为人们主要的文化活动方式，打麻将也已经成为部分村民的主要业余生活，爱好跳舞的妇女受益于新农村建设后修建的文化广场，而逛集市也已经逐渐成为人们生活方式的一个重要组成部分。对于老年人群体来说，他们不会去广场跳舞，也因为害怕输钱而不敢打麻将，他们的精神生活与年轻人相比更加匮乏。从总体上来看，农村的文化生活仍然处于虚空状态，村民并不能从现有活动中寻找到价值认同和精神寄托。因此，很多村民在遭遇生活危机的状况下，并不能从现有的地方性知识中寻求到满意解答，便容易转向宗教去寻找生活的意义和生命的价值。

在公共文化生活匮乏的情况下，陈村教会的基督教组织在一定程度上构建了一种新型的文化生活方式（李浩昇，2011）。教堂、聚会点本身构成信徒的公共活动场所，并成为新型公共空间。教会活动既包括由一整套完整仪式构成的跨越村庄的敬拜活动，也包括每周三和周五各个聚会点单独举行的小规模集体敬拜活动，还包括每年三次的奋兴会集中敬拜，圣诞节和春节的庆祝表演活动等等[13]。尽管宗教活动的核心是敬拜，但其仪式前后总可以看到信徒之间相互的问候，传递着相互的祝福，这在乡村社会农村行为日趋个体化和理性化的背景下，显得非常温暖，参与活动的个体都可以体验到某种世俗社会少有的情感。与此同时，对很多老年信徒来说，他们在日常生活中缺少必要的娱乐活动，主日敬拜、日常聚会中唱赞美诗的活动本身便是一种娱乐活动，在此过程中，他们烦乱的情感得以抒发。

总之，对于缺乏公共文化生活的村民来说，基督教会开展的各种活动很有吸引力，这在村庄"空巢化"的背景下愈发明显。我们在更为动态、复杂的视野上看到，基督教作为某种外来的文化意义系统，其群体活动的方式在农村社区个体化历程发展的过程中，满足了很多村民对于公共文化生活的需求，并且构建了某种新型的公共文化生活。尽管在活动过程中，某种程度上仍然带有成员身份的限制，但这确实为部分村民提供了新的可能选择。在整个社会走向老龄化的过程中，在大量老年人"独守空房"[14]的背景下，基督教的这种公共生活功能正在逐渐凸显。

8.4 小结

改革开放以来，中国农村乡土社会发生了前所未有的"巨变"。传统社会存在的以强大的集体意识为依托的道德观念正在逐渐衰微，在村庄正式权力嵌入缺位，内生性秩序衰微的背景下，宗教精英开始逐渐兴起，并与制度性权威的衰落之间存在某种不稳定的关系。村干部更多地关注自身利益，而导

---

13 关于宗教活动的形式在前文中已经有详细的介绍，在此部分内容便不再赘述。

14 在我过去的调查经历中，在安徽、四川、河南、江西、山西等地，都曾见过类似的场景，很多村庄新建的住房，有的甚至还是楼房，里面要么无人居住，要么只有老人独自面对空荡荡的屋内。

致国家政策实践目标偏离的例子屡见不鲜，他们在涉及到村庄公共资源分配的过程中经常会为自己或亲属谋取私利。在以低保指标分配为代表的国家社会保障制度执行过程中，他们也会优先自己的亲戚，而真正的穷人却很难受益。在研究社区，村干部在村民心目中的地位并不高，村民认为"谁当选村干部都一样，有好处的时候也轮不到自己"。而在村庄公共事务中，普通村民也缺少参与的机会，在仅有的村委会换届选举中中，他们的参与也只是一种仪式性的出席，成为"打勾"的工具。换言之，村民是否参与其中并不会真正影响选举结果，因为候选人早已"内定"。

对乡村基督徒群体来说，他们对村庄是否会产生明显影响呢？从陈村教会周边地区的情况来看，基督徒多数都是村庄的边缘人群，他们在村庄属于"失落"的人群，是村民"看不起"的人群，是村干部眼中"想折腾也折腾不起来"的人群。村民信仰基督教并没有真正改变个人在村庄公共事务参与中的角色，或者说，他们并没有机会参与村庄的公共事务。这种结果的出现，是教会与村庄互动的结果，一方面，村庄并没有提供太多机会给教会参与村庄公共事务；另一方面，教会主张顺服当官掌权的人，不鼓励信徒参与或操心村庄的事务。然而，在其他案例研究地区，教会与村庄的关系却是一种不稳定的关系。在晋中闫村，因毗邻市区，近年来又有诸多拆迁等事件发生，基督徒群体的成员已经可以通过"投票"部分影响选举的结果，村委会候选人也多数会在正式选举前进行探访，并给予"好处"，基督教群体因其紧密的组织形式正在形成具有话语权的组织。而在晋南冯村，因为村干部家属信教，使村委会换届选举过程中有了宗教群体的加入，不自觉地影响着选举的结果，并形成了宗族与宗教相联系的新的群体。

因为各地区的文化差异，基督徒的组织形式、教会的诉求等存在差异，从而导致教会与村庄在各个地区的明显差异。从总体上讲，乡村基督教增长对农村基层政权的影响目前尚处于一种隐性状态（席升阳，2002），在农村基层政权的影响力、凝聚力和权威性衰减的背景下，基督教群体在村庄中的角色将有更多的不确定性。伴随村庄的"空心化"，农民缺少文化生活，农村文化生活日渐败落的尴尬已成为农村发展过程中的病痛。与过去丰富的文化生活相比，以家庭为单位"看电视"的生活已经逐渐成为村民最主要的文化生活方式，私人生活逐渐兴起。在农村公共文化生活逐渐衰落的背景下，乡村基督教群体以教堂和聚会点为公共空间，以聚会、唱诗、祷告、敬拜等为内容的宗教活动某种程度上满足了很多村民的需求，构建了一种新型的文化生活方式，并吸引了部分村民的关注。在重经济、轻文化的大背景下，农民强烈的精神文化生活需求被淹没了，乡土社会的文化重建和价值传承成为乡村发展的新议题。

第九章 结论与讨论

> 每个社会都想要建立一套人们靠之能将自己与世界联系起来的意义系统。这些意义系统详细规定了一套目的，或者像神话仪式那样，解释了共有体验的特征，或者通过人类的神力或技术力量，改造着自然。

—— (贝尔，2011：159)

9.1 农民信教：人数增长与"简单"信仰

近30年以来，中国社会变迁的一个重要特点是城市的繁荣与农村的凋敝，"城市信仰"与"贱农主义"（张玉林，2012）深深地烙刻在每个农民的思维深处，发展主义意识形态成为支配个人行动的准则，共同引发农村在经济、社会、文化等领域发生了一系列相互联系的"巨变"。乡村基督教的快速增长便发生在这样的宏大历史变迁进程中。尽管农村基督教传播与诸多因素相关，但村落共同体的衰落却是一个非常直接的因素，社区强大的集体意识[1]（涂尔干，2000）不再构成支配个人行动的主要源泉。这从信徒信仰公开的历程便可以看出，从二十世纪八十年代的"当时都是偷偷摸摸聚会，不敢告诉村民我是去聚会，如果他们一直问，我便会说我是去赶集，或走亲戚"，到二十世纪九十年代的"他们（村民）都知道我们是去聚会，但他们觉得我们是胡跑，是迷信"，再到现在"他们（村民）都知道我们是信主的，信主是教人学好的，

---

1 涂尔干认为，集体意识是"同一社会一般公民共同的信仰和情感的总和"，机械团结的社会是以"集体意识"为基础的。

但是他们就是不信"。简言之，与过去相比，农村委身基督教不会遭致家人、亲人、邻里和社区成员的激烈反对，并被打上一系列污名的标签。尽管基督徒与非基督徒之间仍然存在很多隔阂，但经过三十余年的发展，基督徒已经逐渐为自己争取到了合法的地位，他们的宗教信仰获得承认，既有政府以"宗教活动场所"为表征的官方承认，也有民间"他们其实也是维系一种信仰"的理解，而此时，民间信仰（本土宗教）仍然被普通民众当作"迷信"来看待，是封建社会的残留（陈柏峰，2013）。同时，伴随农村社会的个体化进程，在"人人自扫门前雪，莫管他人瓦上霜"的原子化中原村庄，宗教信仰早已成为每个人的私事儿，村民很少会过问或干预他人的宗教信仰。[2]

与吴飞（2001）、黄剑波（2003）、刘志军（2007）等人研究的教会不同，陈村教会是改革开放之后新涌现出的万千个教会中的一个，其信徒构成以一代基督徒（自致型基督徒），二代基督徒（遗传型基督徒）人数很少。换句话来说，"基督教家庭"[3]非常有限。在研究地区，因病信教的现象非常普遍，很多信徒都是在自己或家人身患重病难以获得医疗救治的情况下求助于基督教，信教之后疾病痊愈或者有所减轻，并成为基督徒的[4]。因此，乡村基督徒在其委身基督教之初便具有"灵验"与"拯救"相结合的特点。尽管近年来很多地区基督徒的人口学特点有所改观，但是在"农村虚空化和主体空虚化"（严海蓉，2005）的豫东农村地区，教会信徒在构成方面仍然显示出传统的"三多特点"[5]。

从人口学的视角出发，乡村基督徒的人口学特点很容易让我们将其与弱势群体相联系，而在地方社会，农村精英（经济精英和政治精英）也多数认为基督徒由一群"老、弱、病、残"的弱势群体构成。话虽如此，教会还是在人们的质疑声中获得了快速发展，并集中表现在四个方面：首先，教会人数的快速增长，从教会第一个信徒 1982 年信教开始，经由 30 余年的发展，

---

2 在田野工作中，当我向一位我熟识的村民了解村庄的基督教状况时，在牵涉到个人对基督教的看法时，他的妻子总在旁边提醒他，"这些都是别人家的事儿，你没事操心这些干什么"。

3 基督教家庭，全家人都信仰基督教的家庭。

4 在此，我们需要特别注意的是，农民并非只有自己生病难以获得医治时才会依附基督教，家庭成员生病也成为他们信教的契机。

5 信徒的"三多"特点并不令人惊奇，因为在绝大多数年轻人外出的背景下，村庄整体的人口构成呈现老人多、妇女多、儿童多的现实，"留守"成为人口的常态。

教堂数目达到 3 个，聚会点数目超过 50 个，信徒总人数超过 1500 人[6]；其次，教会固定资产的增长，聚会场所不断搬迁，从早期的信徒自己搬砖、搬凳子在小组长家灯下聚会，发展为能同时容纳 400 人聚会的安装有空调、高级音响设备的新教堂；第三，教会收入快速增长，从早期每年几十元发展到现在每年近 4 万元，保证了教会各项事工的正常开支，也让教会有机会做更多的福利事业[7]；最后，教会已初步形成一套完整的相对规范的活动制度，尽管在具体事务中还存在这样那样的问题，很多方面还有待完善，但教会各种活动已可以顺利运行。

在平安县，由于受过专业训练的传道人严重不足，很多乡村教会都由平信徒带领，陈村教会也不例外。由于信徒大多识字不多，阅读和理解《圣经》困难，加之属灵书刊缺乏，他们只能依靠"领头羊"与聚会中讲员的口述供应（梁家麟，1998：135）。陈村教会出现了具有地方特色的宗教生活形式，例如：以"场所"为中心宗教活动方式，除少数宗教精英外，普通信徒很少在聚会场所[8]之外有个人灵修活动；宗教活动"形式大于内容"[9]，每周聚会时间较长，除主日敬拜的三小时外，还有周三、周五定期的两小时聚会，形式一般包括唱诗、读经、讲道、祷告和见证，其中唱诗是信徒最感兴趣的活动，听道是信徒最不感兴趣的内容[10]；圣经知识普遍缺乏，大多数信徒对阅读《圣经》不感兴趣，读经并不构成信徒主要的宗教生活，《圣经》作为宗教经典也不构成信徒宗教知识最重要的来源[11]；宗教精英角色地位重要，以传道人、教会执事和村庄聚会点组长为代表的宗教精英承担着圣经解释者的角色，他们

---

6 在研究的乡镇，三个教会都是在教会老组长李梅的带领下逐渐建立起来的，如果我们从第一个信徒算起，那么信徒的总人数需要将三个教会的人数加总。如果仅以陈村教会而言，现在信徒的总人数在 400 人左右。

7 现在教会所做的公共服务还很少，但从近年来的发展来看，未来会有逐步改善的可能。

8 宗教活动场所，主要是教堂和各个村庄的聚会点。

9 形式大于内容，即仪式重于信仰，人们较多关注参与活动的次数和时间，却较少关注以宗教知识为代表的信仰内容。

10 在城市教会，主日证道是宗教生活的核心。农村教会却恰恰相反，主日证道期间打哈欠甚至睡觉的现象非常普遍，很多信徒没有兴趣关注听道活动。

11 这与乡村基督徒受教育水平较低，阅读和理解圣经存在明显的相关关系，而在实地调查中，很多信徒都表示，他们很想读圣经，但是因为识字少，就是读不懂也读不进去。

的解释几乎决定着普通信徒的信仰理解状况；神迹见证成为地方基督徒主内交通中常见的话题，也是他们对外传道的最重要手段[12]；而唱赞美诗则成为很多信徒最重要的文化生活；等等。

乡村基督徒通过唱赞美诗、听道、聚会、祷告、见证、乐捐奉献等宗教实践，逐渐构建了自己对于基督教的认知，并进而重塑了个体的世界观、人生观和价值观。在此期间，以牧师、长老、传道人和聚会点小组长为主的《圣经》阐释者凭借自己对于基督教知识的理解而逐渐掌握了教会的话语，并藉此而成为教会精英。然而，我们需要注意的是，"没有人能够以一个客观观察者的角色进行理解，所以解释者都必然地带有本身的前设和关注，这一切不但影响当事人如何理解，也影响他们所作的结论"（克莱恩，布鲁姆伯格，哈伯德，2011：12）。

绝大多数宗教精英并没有接受系统的神学知识训练，他们在进行经文解释时，经常会夹杂着个人生活的诸多见证，或者其他信徒的神迹见证，形成了"见证与经典相结合"的有乡村特点的传道方式[13]，例如2013年8月11日，孙小美在一个小时的证道时间中有半个小时都是做个人见证，并且表示自己虽然只有小学文化，但藉着神的旨意，便预备好了一篇讲章，是因为"主在预备道路"，"主给自己开出路"。尽管，普通信徒受限于诸多因素而不得不在信仰历程中依附于宗教精英，但也有很多信徒开始重新拾起书本，抄录赞美诗，逐渐成为积极的宗教参与者[14]。当然，与城市基督徒不同，唱诗在乡村基督徒的生活中扮演着非常重要的地位，既是单调农业生活之外调节内心的文化生活的一种方式，也是个体获取基督教知识的重要来源，甚至是最重要的来源。基督徒经由各种宗教实践的参与逐渐形成了自己新的认同，并且重塑了自己的话语表达和行为方式，成为一群看起来与普通村民不同的人。

---

12 乡村基督徒在传教过程中主要依赖神迹见证，在交流的过程中，经常会夹杂着各种神迹见证，这些见证有的是发生在自己或教友身上的事件，有的则是从他人口中听到在经过个人加工的事情，经典的讲述并不在其传教过程中扮演重要角色。与乡村教会相反，城市基督徒在传教过程中，他们会更多地依赖讲述经典，神迹见证只是作为补充。

13 本书的附录部分，我以白描的方式拣选了陈村教会三位传道人主日证道的部分内容。

14 当前的宗教研究忽视了信仰基督教为扫盲做出的意外贡献。村民信教后成为积极的行动者，因为识字较少，阅读《圣经》困难而购买了字典来进行学习。在田野工作中，有信徒给我做了见证，讲述了自己从小不识字，外出时连公交车站名都认不出，信主之后因读圣经的缘故，现在出门已经基本看得懂站牌的故事。

　　有研究者指出，乡村基督徒重视仪式活动参与，轻视宗教知识积累的现象使他们的信仰成为一种"浅层信仰"（庄孔韶，2000：425-446）。他们很少会对基督教教会历史感兴趣，即使是宗教精英，他们对基督教的历史也几乎一无所知，她们甚至没有翻阅过任何一本教会史的书籍；他们很少会在教义理解方面有太大争议，大多数乡村基督徒甚至不知道"三位一体"，也不了解旧约和新约的传承关系；他们多数并不喜欢经文背诵，"摩西十诫"（十条诫命）作为基督教伦理的基本准则并没有引起信徒的足够重视，能够完整背诵的人更是寥寥无几，他们记忆最为深刻的是"拉萨路复活"的故事和对于"禁止拜偶像"的经文；等等。

　　换言之，绝大多数乡村基督徒在对基督教教义不甚了解的情况下便已经做出皈信的选择，之后受各种条件限制，他们在没有接受专门受洗课程训练的背景下便正式受洗委身成为基督徒，他们的信仰并没有建立在对基督徒教义理解的基础上，因此是一种"简单的信仰"[15]。简言之，他们更多地关注信仰活动本身，而较少关注信仰体系的复杂内容。当然，在中国乡村独特的文化处境中，怎样才能成为真正的基督徒，什么是合格的基督徒，似乎也是一个难以回答的二难议题，这涉及宗教信仰长期存在的"信"与"知"的神学争论，我们在此不做进一步的讨论。

9.2　以"肢体"之名：共同体构建与日常互助

　　社会学家滕尼斯（1999）将宗教共同体列为与血缘共同体、地缘共同体并存的共同体类型。基督徒将上帝作为他们在天上的父神，相互之间以弟兄姊妹相称，教会也被当作共同的大家庭，这些思维让宗教共同体的成员之间形成某种类亲属关系，相互之间基于教义理解而逐渐形成相互扶持帮助的人际交往圈。教堂修建作为教会成员集体行动的重要事件，并作为整体性呈现教徒信仰实践的场域，藉着教堂的共同生活，基督徒认为自己是有家的，"自

15　"简单信仰"，是相对于城市基督徒而言的。在我参与观察的盼望教会，团契内部的成员经常会组织教会历史或者基督教教义的专门讨论，教会也经常组织圣经培训学校、查经班、祷告会等专门增进信徒对信仰认知的活动，旨在从神学意义上对信仰（真理）有更加深刻的理解。而在乡村教会，基督徒受各种条件的限制，他们很少会组织对基督教教义和教会史的专门学习，很少对自己的信仰进行神学意义上的审视和解读，总而言之，他们的信仰建立在对于基督教教义简单理解的基础上。

家是小家，教会是大家"。在缺少资金的背景下，陈村教会通过平安县各个教会的互助、本教会信徒的奉献乐捐或者借款等方式凑集资金，并依靠信徒的自愿劳动力投入参与教堂建设，都在实践"为大家庭添砖添瓦"的行动。为此，各个聚会点根据人数多寡分担部分工作，并最终完成了一件似乎不可能完成的任务。陈村教会采取"堂-点"结合的发展模式，有效实现了教会的正常运行，并逐渐形成"以聚会点为行动单位"的组织形式，聚会点"熟人社会"的特点也有利于他们在日常生活中发展一种超越灵性关系的互助关系。换言之，大多数乡村基督徒在社区原有的社会结构和社会网络中重构了一种新的以信仰为基础的社会网络，从本质上来讲，这种社会网络并没有完全脱离村庄固有的网络。

在乡村社会公共空间日趋萎缩的背景下，基督徒逐渐形成以教堂为主轴，以聚会点为分支的新的公共空间。教堂作为开放的社会空间，在乡村社会的具体运作中构成了社区互动和治理的组织基础和资源（黄剑波，刘琪，2009）。这是因为教堂公共的性质，而"公共意味着任何在公共场合出现的东西能被所有人看到和听到，有最大程度的公开性。就世界对我们来说是共同的，并且不同于我们在它里面拥有的一个私人住处而言。作为共同世界的公共领域既把我们聚拢在一起，又防止我们倾倒在彼此身上"（汉娜·阿伦特，2009：32-34）。这种新型的公共空间及其相关的宗教活动，一定程度上弥补了农村公共生活的消解和缺失（吴理财，2014），并在乡村社会逐渐形成了某种新型的文化生活。同时，在文化生活之外，基督教群体成员之间还存在某种互助合作关系，而这种互助在农忙期间尤为明显。

在乡村劳动力普遍外出务工的背景下，村民之间的互助行为逐渐衰落，劳动力的商品化、货币化趋势日渐明显。乡村基督徒以聚会点为单位，逐渐形成了一些互助合作小组，在某种程度上缓解了部分村民在农忙期间面临劳动力暂时短缺下的困境，成为乡村基督徒重要的灵性资本。信徒之间的互助关系并未脱离人类学意义上的礼物模式，"报"仍然作为教友交往的重要标准。然而，灵性资本在乡村基督徒日常生活中扮演的角色仍然相对有限，在遇到住房修建、儿女婚姻、子女考学等需要资金扶持的情况下，他们获取支持的对象仍然主要是亲属关系。同时，信教与否并未完全改变其日常交往的范围，绝大多数普通基督徒信教之后的社会交往范围仍然局限为本村，这些在基督徒家庭的葬礼上得以集中呈现。

　　我们同样不能忽视的是，大多数基督徒的主内互助或主内交往带有鲜明的"选择性"倾向，一些被认为"孬"的基督徒被排斥在教会或聚会点的主流话语之外，有些家境特别贫寒的基督徒尽管信教多年，却鲜有信徒愿意到他们家中主内交通。总之，在教会共同体构建的过程中，同样会有一些信徒成为边缘人物，他们由于各种原因而徘徊在主流之外。尽管共同体成员会影响乡村基督徒的生活，但其影响更多地表现在信仰生活中，其在世俗生活中的影响并不明显。因此，我们认为，信仰共同体在履行和承担某些传统的村落共同体的功能，成员间的扶持和帮助仍然没有脱离传统的"施"与"报"的模式，然而，宗教共同体毕竟提供了某种契机或纽带，为信徒提供了某种超越邻里的形塑人际关系网络的机会。

　　在论述完共同体构建之后，我们回到教会与村庄的关系。有学者指出，乡村基层组织管理乏力，农村正在面临治理危机，基督教的快速传播可能会威胁到乡土社会秩序的正常维系，并且影响国家的基层政权建设（贺雪峰，杨华，2008；吴理财、张良，2011；马智敏，2011）。在他们的表述中，中国乡村秩序在很多方面都面临挑战，曾经高度整合的乡土社会正在面临分解的风险，孝道衰落、人情功利化、社会交往理性化、无功德个人涌现、公共生活萎缩等，无不见证乡村秩序的衰落，礼教和道德曾经深刻影响着每一个村民的内心，而在村庄从机械团结向有机团结（涂尔干，2000）过渡的背景下，其功能也迅速减弱。村庄的内生性秩序正在解体，但制度性权力又如何呢？村庄的制度性权力同样乏力，村民对村干部表现出明显的不信任，换言之，村干部对村庄的控制和影响正在削弱。乡村社会内生性秩序和制度性嵌入的双重缺位为宗教发挥作用提供了外部空间。于是有人使用"病毒"、"威胁"、"分裂"、"争夺"等带有意识形态色彩的词汇来形容基督教快速发展可能会对村庄发展产生的不良影响。

　　对于宗教研究来说，社会科学价值中立的追求似乎是一个难以企及的神话。然而，我认为他们的研究似乎带有强烈的意识形态特征，并且部分存在将"正统基督教"与"打着基督教幌子招摇撞骗的异端邪教"混淆的风险，其描述并不客观。因此，我认为识别（正当的）基督信仰进行研究并合理阐释非常必要。基督教在中国各个地区的发展状况存在很大差别，基督教对于乡村社会秩序的维系是积极功能还是消极功能也不能一概而论。在陈村教会的具体实践中，基督徒世俗的身份特点，例如老年信徒居多、女信徒居多、文化低者居多、贫穷者居多、病人多等，这些都在很大程度上限制着乡村基督徒对于社区事务的影响，他们在能力和经济方面都面临着先天不足。相反，教会对该群体的关注在某种程度上有效地解决了很多乡村正式制度难以顾及的问题，例如老年人的文化生活、农忙时的劳动力需求、身患疾病时的探望和关注等，基督教发挥着积极的正功能。

近年来基督教在农村的快速传播过程中，尽管其对于信徒的生活确实产生了影响，但是，其影响仍然主要局限于精神生活方面，在世俗生活中的作用依然比较有限。尽管媒体和部分学者都声称基督教的发展正在影响农村社区正常的社会秩序，但是，正如受访过程中一位非教徒所言，"基督教对农村发展有什么影响？你这个问题有点儿奇怪，就是那么回事儿，基督教既不会发展地很好，也不会发展地不好，他们在农村不会产生什么影响。"而乡村基督徒给出的回答也比较相似，认为基督教主要是劝人为善，与人和好的宗教，更多地仍然局限于对教徒本身的影响，而且她们只关注自己信仰的事情，也不会关心村庄的事情。当然，他们的回答似乎与现在媒体广泛报告的诸多关于基督教快速发展产生的消极影响存在明显差异。因此，我认为我们需要在具体的情境中探讨关于教会与村庄的关系，基督徒人数的构成是一方面，但更重要的是基督教群体的组织方式，其成员之间的相互联系以及作为共同体的述求，其活动对于自身精神生活的诉求是一回事，对于群体合法性甚至政治诉求则是另一回事[16]。

媒体与受访者的解释不同主要是立场不同，受访信徒或非信徒更多地就本村庄或本地区基督教在人们生活中扮演的角色进行解答，而媒体、学者或官员则会从整个社会、从传统文化传承的视角进行考虑。社会学的假设是，尽管单独的个体不可能改变社会，但是一个人作为某一群体的成员完全有可能促成社会的变迁。单个村庄的基督徒数量很少，在村民中的比例较小，再加之世俗地位的特征，他们很容易被认为"想折腾也折腾不起来"。从整个社会来看，基督徒的数量已经有 3800 万人之多，基督徒从上世纪 80 年代的躲躲藏藏隐藏信仰身份到今天的公开身份公开聚会本身显示其外在的压力已经越来越小。

---

16 关于教会与村庄关系的研究是一个令人纠结的话题。就陈村教会而言，教会力量还比较薄弱，他们主要关注信徒人数的增多，尚没有时间去关心村庄的公共事务。但是，在有的农村地区，乡村基督宗教（包括以基督教名义存在的异端教派）群体已与基层政权形成某种负面的关系，有的甚至公然反对基层政权。

很多研究者担心，当如此多数量的基督徒基于共同的信仰追求而采取某种集体行动，便很容易会"出问题"。然而，从我的田野资料来看，乡村基督徒日常生活以及宗教生活的范围仍然局限在本村或者本教会的小范围之内，至多也仅限于本乡镇的教会，他们很少会参与跨越乡镇的基督徒聚会，更谈不上县域之间的流动。因此，其对于乡村社会秩序的影响相对有限。在此，对于基督教群体组织方式的探讨并成为一个重要的话题，其组织形式和活动范围会直接决定其发挥影响的可能[17]。

人们在现实中经常会看到外来的传道人，他们多数打着基督教幌子招摇撞骗，宣称二次道成肉身，宣传圣经过世，宣传只有他们才能获得拯救，并吸收了一些农民信仰。在实地调查中，也有村民指出，一些来自河南其他地区，甚至来自山东和陕西的外来传道人曾来传道，在 2012 年 12 月他们更是以世界末日的名义到处发放传单，这便为我们的宗教知识普及和宗教管理提出了新的挑战，如何有效识别基督徒的成员身份成为新的议题。

9.3　"空心村庄"：乡村基督教的挑战与未来

在田野工作中，经常会听到村里老人讲，"现在村子里没什么人了，能出去的都出去了，留在村庄里的都是因为各种原因出不去的，村子荒凉了"。他们简单的话语，直白的表述，其背后映射了始于上世纪八十年代中国快速现代化、城市化和工业化而引起的农村精英普遍外流的现象，其直接结果便是城市的繁荣与农村的凋敝和衰落，位于豫东地区平安县的乡村呈现出"空心化"的特征，甚至村落是否继续存在还是终结都已经成为一个让人纠结的话题（龚春明，2012）。在我的田野研究地点，在没有国家强制性干预的情况下[18]，尽管一些传统的文化和道德显示了部分衰落的迹象，但村落自身承载的文化意义、

---

17 在研究过程中，周越研究员（Adam Chau，剑桥大学东亚及中东学院）曾经提醒我关注乡村基督徒的活动范围，其活动范围在本县域之内与跨越县域的流动可能会导致两种完全不同的结果。如果基督徒没有跨区域流动的话，其影响相对有限，而且相对易于管理，如果他们跨区域流动则面临更多的问题。在平安县的具体实践中，基督徒跨越县域参与活动的现象并不多见，而传道人除非是县两会专门邀请的外来传道人，否则各个乡村教会自己没有资格要求外县甚至外省的传道人前来传道，以避免一些"自封传道人"歪曲教义并向信徒随意传播现象的发生（2013-05-10）。

18 例如以"农民被上楼"为表征的新农村建设。

价值及其对村民的影响将会长期存在[19]。当乡村基督徒生活的外部环境不稳定之时，其自身的生存状况便具有更多的不确定性。这为我们带来了一个新的话题，城市化背景下的乡村基督教，其未来的走向是衰落还是继续繁荣？我们现在仍然不能简单地认为，城市化进程在引起城市基督教复兴与发展的同时必然会导致乡村基督教的衰落。从实际情况来看，城市化像一把双刃剑，在引起农村精英外流，并产生一系列发展代价的背景下，却同时为乡村基督教的发展提供了可能。

在研究社区，因为种地没有盼头，地方经济发展又缺少吸纳当地人的工业，外出务工也成为农民迫不得已的选择，务工收入已经构成农户收入的65%以上，外出人口已构成村庄人口的一半以上，村庄的剩余人口被冠之以"老弱病残"，他们大多数只能在家种地维持生计，真正的村庄精英均已外流。在此背景下，教会同样面临诸多困难和挑战：

首先便是外出务工问题。很多教徒因为外出务工的缘故而离开教会，有的教会甚至教务组组长或会计、保管都已经外出务工，直接后果便是教会人数的减少，而宗教精英离开教会却在客观上促进了城市教会的繁荣。

其次是传道人问题。很多农村教会几乎没有专职传道人，现有的传道人也没有接受专门的神学教育或长期培训，这就导致两个后果，传道人讲道过程中可能更多地源于自己对于基督教教义的理解，从而引起信仰的偏离；同时传道人个人生活无法得到保障，他们传道几乎都是受信仰影响而难以获得报酬，这种状况将会在很长一段时间内持续，而且乡村教会有限的收入也难以完全支付传道人的工资。

第三是教会成员构成问题。老人多、妇女多、文化程度低者多仍是教会的现实。信徒世俗生活中相对弱势的地位让教会不论是收入方面，还是集体行动方面都面临先天不足的挑战，有的教会在经由20余年的发展之后，仍没有能力修建新教堂，现在仍在危房中聚会。尽管有学者指出教会成员构成有明显改变，例如信徒的"三多"现象在改变，城市化现象崭露头角（刘海涛，2010）；1980年代农村基督教的"三多"（妇女多、老人多、文盲多），逐渐演变为目前的"一多"（妇女多），老人和文盲的比例明显下降（韩恒，2012）。

---

19 关于村落价值的思考受益于中国人民大学赵旭东教授对我论文的建议，赵旭东教授认为关于乡村宗教研究的意义便建立在乡村社会对于生于斯长于斯的个体的影响之上，如果村落已经终结，那么乡村宗教研究便无意义可言。

但我仍然认为基督徒"三多"现象的改变是一个长期的过程，在农民受教育程度普遍提高的情况下[20]，信徒受教育程度低的状况将会逐渐发生改变。但是，乡村教会人口构成在未来很长一段时间内难以发生根本改变，这是因为"留在村里没有出路"、"农村人都愿意进城，不愿意呆在农村"、"年轻人能走的都走了"，乡村社会整体呈现凋敝的现实。在豫东农村，人口构成呈现出老人多、妇女多、儿童多的特点，家庭"空巢化"、"留守化"现象非常普遍，这些与村民是否信教并没有直接关系。

第四是异端或邪教问题。农村基督教会随时面临与异端宗教争夺信徒的问题，而教会宗教精英受限于自己的能力，在很多事情方面都呈现心有余而力不足的无奈。在农村社会问题日趋增多的状况下，很多异教例如门徒会、"三赎基督"、全能神、哭教、女耶稣等趁机兴风作浪，很多信徒因宗教认知有限，便在他们的引诱下皈依，从而影响了正常的生活。而此时，不论是基督教会本身，还是村庄的行政力量亦或政府部门都难以完全根除地下活动的邪教或宗教异端。

第五是基督徒的污名或刻板印象。因为乡村基督教徒人数众多，却偶尔也会有"害群之马"，他们没有按照基督教教义规范自己的行为，反而呈现出懒散不爱干活，偶尔偷盗其他农户农产品、脾气不好爱骂人等恶习，从而为基督教打上了污名的标签，尽管基督教已经逐步中国化，但仍然在一些方面表现出与传统文化的不相容，这些与部分教徒的行为一起导致了一些村民与基督徒的交往隔离。

最后是乡村基督教的世俗化问题。黄剑波（2003：129-131）称之为"教会软弱了"，并从信徒增长速度减缓、信徒年龄结构脱节、聚会人数减少、信仰与实践偏差四个方面进行了解释。他所描述的现象在陈村教会均有存在。自2011年起，陈村教会增长的信徒非常有限，三年来仅受洗20多人，教会的执事们也一直在说"现在想发展一个信徒真的好难"；声称400多人的教会日常聚会的人数只有100人左右，最少的时候仅有30多人，很多信徒因为各种事情而不再参加教会的活动[21]；一些乡村聚会点已经"荒凉"了，有的每周聚会次数从两次减少为一次，有个村庄甚至将聚会点改为信徒打牌的场所；很

---

20 主要受益于九年义务教育的普及。

21 在2013年再次到陈村教会调查时，一些曾经积极参加教会活动的人不再参加聚会点的活动，只是一两个月才偶尔会去教会一次。

多年轻的信徒选择了外出务工以增加收入，进一步强化了教徒老龄化的现实；除教会宗教精英之外，很多教徒在日常生活中并没有完全按照教会宣传的教义行事，他们与普通村民之间差异并不明显；教会没有经历去关注软弱的信徒，引起信徒流失的现象越来越严重；等等。

在田野工作中，很多信徒反应教会凋落了。在我看来，这有时是真相，有时则是一种表象。信徒总是习惯性地与那个自己曾经熟悉的教堂进行比较，认为教堂里面的人数没有从前多，都忽视了教堂重建之后其容量早已是过去的数倍。举例而言，陈村新教堂建成之前最多容纳 100 人，教堂内部有八九十人已经显得人数很多，而且人们当时聚会有些拥挤，便会认为过去教会很兴盛，而现在教堂最多可以容纳 400 人同时聚会，即使庆祝圣诞时人数超过250 人仍然不会觉得拥挤，日常聚会 100 余人的现实早已超越过去曾经在奋兴会期间的繁荣。总之，基督教在乡村的发展尽管部分呈现出衰落的迹象，但如果我们深入了解，却发现其实只是发展速度减慢而已。

在很长一段时间内，乡村基督教被认为中国基督教的主流，其中香港建道神学院学者梁家麟博士（1998）的《改革开放以来的中国农村教会》一书作了非常精致的分析，并认为乡村基督教构成中国基督教的未来。当然，如果我们简单地从中国当代基督教的地域分布来看，农村基督徒的人数仍然是绝对多数。但是，我们不可忽视的是，近年来一些悄然的变化正在发生，城市基督教正在迅速复兴。陈村富（2005）显然不同意梁氏的观点，他认为中国基督教发展的方向取决于它多大程度上解决了基督教与中国传统文化（包括传统宗教）的关系，基督教与中国社会制度的关系，基督教与中国现代化，世俗化的趋势等三个问题，并认为中国教会的主流将会在城市教会。我认为无论是城市教会还是乡村教会，在未来很长一段时间内都将继续发展，但是与改革开放以来第一个三十年相比，农村基督教的发展速度会明显下降，而城市基督教的发展速度则会有所上升。

如果我们仅仅从上述现象出发，便认为基督教在农村的发展一定会走向衰落，也显得有些突兀。当整个社会追求"发展"并将其奉为真理的时候，社会总会遗留一些问题，而这些问题并不是"发展"可以解决的，甚至有一些群体独自承受着发展的代价，他们成为"发展的受害者"（博德利，2011）。换言之，快速的社会变迁所带来的不确定性会增加人们对宗教的需求（卢云峰，2010）。举例来说，伴随乡村的个体化进程，人们私人生活兴起的同时却引起公共生活的衰落，这为基督教在文化生活方面发挥作用提供了契机，并且客观上基督徒群体正在形成一种新的文化生活方式；子女的外出，孝道的衰落引起老年人精神生活的危机，基督教对个体临终关怀的方式与老年人对死的恐惧相联系；农村人情的世俗化、人际关系的功利化、亲子关系的疏离化等，也为宗教发展提供了发展的契机。在社会转型的过程中，人们总会遭遇各种来自物质和精神的压力，这些都称为宗教继续存在和增长的基础。简言之，生活总是充满了不确定性，人们并不是能够寻找到答案，对未知风险的恐惧总是让他们选择信仰宗教以获取心灵的慰藉。

9.4 余论：离土中国与乡土重建

在当代中国，发展已成为时代的主旋律，代表了一种主流的意识形态。然而，关于什么是发展，以及如何才能更好地发展，却一直是令人困惑的问题（李小云，齐顾波，徐秀丽，2012：1）。关于发展的认知和理论，不仅成为发达国家，也成为发展中国家和欠发达国家探讨的热点，并出现了"现代化理论"、"依附理论"、"世界体系理论"等诸多旨在解释和促进欠发达国家快速发展的理论[22]。在学界，关于发展理论的探讨已有很多，然而，"经济增长论"始终占据支配地位。简单而言，经济增长是指一种经济产生的商品或服务产出的增加，或者收入的增长，国内生产总值（GDP）是衡量经济增长最常用的方法。在当代，"增长"已经成为一种生活方式（布隆克，2000：139）。在中国主流的话语体系中，发展便意味着现代化，发展的目标被建构为以经济增长为表征的经济决定论（Sachs，2010：14-16）。这是一种发展主义的意识形态，一种认为经济增长是社会进步的先决条件的信念（许宝强，1999）。显然，对于经济增长的单行度追求，并不一定能为个人带来真正的幸福。

为了达成"发展"，追求现代性的生活方式，成千上万的农民远离自己熟悉的故土，到城市追求美好生活。于是，当下中国农村社会因人口流动的原因而经历着结构性的制度变迁，大规模农村劳动力的流动与转移改写了"乡土中国"的发展轨迹，同时也宣告了"离土"时代的到来（孙庆忠，2009），脱离乡村、远离土地、别离家人构成了"离土中国"的现实写照（栗峥，2012）。或许，我们可以说，农村的衰落、解体甚至终结，似乎是从农业社会向工业

---

22 关于发展理论的探讨缘起于第二次世界大战之后，当时出现了关于欠发达国家如何赶超发达国家的诸多理论，详见李小云（2012）主编的《普通发展学》。

社会转型过程中必然会出现的现象，是一种社会发展的普遍规律（张玉林，2005）。然而，基于中国特色的城乡二元结构的客观存在，这一现象面临更多的不确定性。举例而言，"留守"成为乡土社会的一个重要特点，包括因父母常年外出导致亲子分离的留守儿童、因丈夫常年外出引起夫妻两地分居的留守妇女、因子女常年外出而导致无人照料的留守老人。有学者用"别样童年"（叶敬忠，潘璐，2008）、"阡陌独舞"（叶敬忠，吴惠芳，2008）、"静默夕阳"（叶敬忠，贺聪志，2008）来形容这个群体的生活状态。从田野调查的经验材料来看，留守老人在农业生产、日常生活、疾病照料等方面面临的问题更为严重。离土中国的出现，伴随家庭解体而引发的农村重建为我们理解农村社会提出了很多新的议题。

"干预性变迁和自主性变迁是中国转型时期影响农村发展的两股重要力量，两种力量相互作用促成各种创新。当某种外部因素特别是有目标的、有计划的干预进入到中国乡村社会后，乡村社会将会在干预的刺激下发生变化，并会在干预的诱发下出现某种能导致自主性变迁的因素，从而使得乡村出现自主性的变迁"（李小云，2010：1-6）。那么，信仰基督教作为农民自主性回应社会变迁的一种选择，对于乡土社会来说，又意味着什么呢？如果新的信仰是人们自己做出的选择，那么，无论是否是一种无奈中的机会，都为他们追求美好生活提供了一种新的可能。

在此，我想回到本书的主题，基督教在农村社会变迁的过程中，到底扮演一种什么角色？是一种积极的促进作用，还是一种消极的阻碍作用？作为社会变迁过程中的一种催化剂，在乡村文化调适过程中又是什么角色？韦伯（2005）指出，资本主义精神的产生是与新教伦理分不开的。新教加尔文教派所信奉的"预定论"认为，上帝所要救赎的并非全部世人，而只是其中的"选民"。"预定论"的宗教伦理就导致了勤勉刻苦，把创造财富视为一桩严肃事业的资本主义精神。作为西方宗教的基督教遭遇中国民众的具体化实践时，一定会伴随一系列与其他信仰传统的会遇（Catherine W，2007：249），最终便会形成中国化的基督教[23]。有学者指出，中国的基督徒具有双重"教籍"，这涉及到文化上的双重身份、伦理上的双重身份和信仰上的双重身份（秦家

---

23 王美秀《基督教的中国化及其难点》、王晓朝(1998)《论基督教的本土化》、张志刚(2011)《"基督教中国化"三思》等就基督教的本土化或中国化进行了深入细致的研究。

懿，孔汉思，1990：247-257）。文化上的双重身份，这涉及到一个长期生活于儒释道交融文化中的个体如何可能完全脱离自己的文化成为一个纯粹意义上的基督徒[24]。受常年习得文化影响，基督徒在一个异文化的环境中完全接纳一种新型的伦理观并不容易。在信仰方面，涉及到宗教之间的糅合，一个基督徒骨子里的想法可能是一个灵验追求者，换句话来说，基督徒身份只是一种"伪装"而已。

在中国乡村，基督教伦理与传统宗教的"功利性倾向"相交融，形成了中国"民间基督教"（孙善玲，1994）。在经济文化相对落后的豫东地区，在众多的教堂和聚会点，乡村基督徒的信仰非常容易受民间信仰传统的影响。这是因为，信教群众自身的文化水平较低，汉族的宗教观念长期受"鬼"、"神"、"祖先"的影响，命运观念非常普遍[25]，民间信仰深深烙刻在人们的内心，并渗透到人们的生活方式中，于是源于尘世苦难的世俗追求与灵魂拯救的神圣向往相结合，形成了具有地方特色的"灵验与拯救"结合型的新伦理观。在中国乡村，即便基督教徒将"偶像"崇拜拒斥为"迷信"，他们对基督的信仰方式和心理依然与以往信奉民间宗教中神灵时一样（高师宁，2005b）。在中国语境下，存在的是一种多层弥散的宗教边界（郭慧玲，2013：157）。对于绝大多数乡村基督徒而言，其委身基督教并非建立在对教义深刻理解的基础上，他们的信仰是一种"旅行式"或者"片段式"的相对粗浅的信仰形态（Mathijs，2009：159）。

在乡村基督徒的信仰实践中，这种"灵验与拯救"结合的伦理实践非常普遍。例如，有信徒用红布把《圣经》包裹起来，放在堂屋，可以镇百邪，并认为耶稣是至高无上的神，是万神之神；信徒总是说着"信主好，活着得平安，死后得永生，一人信主，全家得救"；在祷告的时候，信徒更多的都是在祈求，求主可以保守自己一切的平安，而感谢赞美主的话语则明显较少；当然，更为普遍的现象发生在信徒遭遇疾病为表征的患难时向主祈祷，求主

---

24 在实地调查中，县基督教协会主席袁牧师表示，基督教进入中国之后，一定会吸纳中国的传统文化，成为中国特色的基督教，这是不可避免的。平安县的基督教一定会有平安县的特点，会受地方文化的影响，赞美诗有豫剧色彩就是一个例子。

25 在田野工作中，我曾访谈村民"您相信命吗"，结果不论村民是否信教，几乎都表示"信命"或者"有些相信命运"。

医治，如果疾病真的减轻或得到医治，就为主发光作见证[26]……尽管乡村教会也有很多信徒追求灵命的成长，并坚持着一种圣洁的生活，但是这些信徒的比例比较有限。对绝大多数平信徒而言，他们信仰基督教后在日常行为方面与普通村民并无不同，换句话来说，基督教并没有内化为支配他们行为方式的准则。然而，信仰宗教确实为那些曾经生活在痛苦边缘的村民提供了希望，让他们有一颗更加喜乐的心，可以去积极面对"生活的暗面"。

以经济发展为表征的现代发展理论让我们在关注物质富足的同时，却忽视了精神的追求。然而，人之所以为人的最重要标志，就是因为人有精神的追求。世俗化理论所想象的现代化必然带来宗教衰落结果的假设并没有发生在中国乡村的具体情境中，民间宗教的复兴、基督教的快速增长以及佛教的迅猛发展都在暗示着中国的现代化进程中出现的各种现象正在挑战传统的现代化理论和世俗化理论（Dobbelaere，2009）。中国当代农村基督徒"老"、"妇"、"病"群体构成的特点，让我们必需重新思考农村的社会保障制度，正是以教会为基础的基督教群体为他们提供了新的社会支持[27]。换句话来说，农民委身基督教，成为他们追求美好生活的一种选择。这是因为，基督教为乡民提供了一种跨越村际界限的新的交往样式。以堂会为平台，借助复杂的地缘和血缘关系（胡卫青，2013：304），乡村基督教拓展了自己的灵性资本，并形成了一种基于血缘、地缘的复杂的宗教共同体。

我们需要进行深层次的思考，当宗教发展最快的时候，一定是社会在快速发展过程中价值观失范最严重的时候。在离土中国的时代，乡土社会曾经存在的以传统文化为载体的集体意识正在悄然消失，乡村信任正在流失（汪小红，朱力，2013），村落所承载的价值和功能也受到挑战（龚春明，2013：100-104）。我们需要反思现有的单向度地追求经济增长的发展模式，转换以增长为中心的发展为以人为中心的发展，真正使发展成为"扩大人选择的过程"（森，2002）。为此，在追求发展的过程中，我们寻求一种基于文化传承与精

---

26 在实地调查中，经常可以看到这样的见证："如果向主许愿发光100元，就不能发光50元，那就是欺骗主。如果一开始向主许诺什么，那么发多少钱的光都可以。"这与人们到寺庙"许愿-还愿"的行为并没有本质的区别。

27 贫困对基督教来说有两方面的含义：一是指社会经济地位低下，生活无着，一贫如洗，或者是指受到社会不公正待遇、无力反抗的被剥削受压迫的穷人；二是指灵性上的贫困，也就是神贫，又称为谦卑的穷人。

神信仰的发展模式，这种模式在满足人们对于经济增长和社会进步世俗追求的同时，也可以维系乡村文化的再生产。在离土时代，乡土重建（费孝通，2012）成为我们面临的重要议题。

参考文献

[1] Alkire S. Religion and Development.In Clarke D （Ed）, The Elgar Companion to Development Studies Cheltenham: Edward Elgar.2006.

[2] Aniruddha D&Beard V.Community Driven Development, Collective Action and Elite Capture in Indonesia, *Development and Change*, 2007,38（2）: 229-249.

[3] Bays D. A New History of Christianity in China. MA: John Wiley & Sons, 2011.

[4] Bays D.Chinese Protestant Christianity Today.*The China Quarterly*, 2003, 174（2）:488-504.

[5] Beek K. Spirituality: A Development Taboo.*Development in Practice*.2000, 10（1）:31-43.

[6] Belshaw D, Calderisi R, Sugden C. Faith in Development: Partnership between the World Bank and the Churches of Africa. World Bank Publications, 2001.

[7] Berger P& Hefner R .Spiritual Capital in Comparative Perspective. 2003. http://metanexus.net/archive/spiritualcapitalresearchprogram/pdf/Berger.pdf, 2014-01-16.

[8] Berger P. The Desecularization of the World: Resurgent Religion and World Politics. MI: Eerdmans Publishing. 1999.

[9] Bourdieu P.The Forms of Capital.in Richardson J. Handbook of Theory and Research for the Sociology of Education, Green wood:Westport, 1986.

[10] Bradley T. A Call for Clarification and Critical Analysis of the Work of Faith-based Development Organizations. *Progress in Development Studies*, 2009, 9（2）: 101-114.

[11] Bradley T.The Relationships between Religion and Development: Views from Anthropology. *Religions and Development* WP5, Birmingham. 2007.

[12] Bush E. Explaining Religious Market Failure: A Gendered Critique of the Religious Economies Model. *Sociological Theory*, 2010, 28（3）: 304-325.

[13] Cao N.Constructing China's Jerusalem: Christians, Power and Place in Contemporary Wenzhou. CA: Stanford University Press, 2011.

[14] Cartera R. Poverty Traps and Natural Disasters in Ethiopia and Honduras. *World Development*,2007, 35（5）:835-856.

[15] CatherineW.Communities of the Converted: Ukrainians and Global Evangelism. Cornell: Cornell University Press, 2007.

[16] Chambers R&Conway G. Sustainable Rural Livelihoods: Practical Concepts for the 21st Century.IDS Discussion Paper 296. Brighton: Institute of Development Studies, 1992.

[17] Chau A.Modalities of Doing Religion and Ritual Polytropy: Evaluating the Religious Market Model from the Perspective of Chinese Religious History, *Religion*,2011,41（4）: 547-568.

[18] Clarke G. Faith Matters: Faith-based Organisations, Civil Society and International Development.*Journal of International Development*, 2006, 18（6）:835-848.

[19] Conning,J Kevane,M.Community-Based Targeting Mechanisms for Social Safety Nets: A Critical Review, *World Development*, 2002,30（3）:375-394.

[20] Deneulin S&Rakodi C. Revisiting religion: Development Studies Thirty Years On,*World Development*. 2011, 39 （1）:45-54.

[21] Dobbelaere K. China Challenges Secularization Theory. *Social Compass*. 2009, 56（3）:362-370.

[22] Ebaugh H, Pipes P, Chafetz J, et al. Where's the Religion? Distinguishing Faith-Based from Secular Social Service Agencies. *Journal for the Scientific Study of Religion*, 2003, 42（3）: 411-426.

[23] Ellis F.Household Strategies and Rural Livelihood Diversification. *Journal of Development Studies*. 1998, 35（1）:1-38.

[24] Esman M&Uphoff N. Local Organizations: Intermediaries in Rural Development Ithaca. NewYork: Cornell University Press, 1984.

[25] Ferris E. Faith-based and Secular Humanitarian Organizations.*International Review of the Red Cross*, 2005, 87（858）:311-325.

[26] Fukuyama F.Social Capital, Civil Society and Development.*Third world quarterly*, 2001, 22（1）:7-20.

[27] Habermann B & Langthaler M.Changing the World of Development Research? An Insight into Theory and Practice. *Development in Practice*, 2010, 20（7）: 771-783.

[28] Hamilton M.The Sociology of Religion: Theoretical and Comparative Perspective. London&NewYork: Routledge, 2001.

[29] Hunsberger B. Religion and Prejudice: The Role of Religious Fundamentalism, Quest, and Right-wing Authoritarianism. *Journal of Social Issues*, 1995, 51 （2）: 113-129.

[30] Hunsberger B &Jackson L. Religion, Meaning, and Prejudice. *Journal of Social Issues*, 2005, 61 （4）: 807-826.

[31] Iannaccone L. Religious Practice: A Human Capital Approach. *Journal for the Scientific Study of Religion*, 1990, 29 （3） : 297-314.

[32] James R. Handle with Care: Engaging with Faith-based Organizations in *Development, Development in Practice*, 2011, 21 （1）: 109-117.

[33] James R.What is Distinctive about FBOs. Praxis Paper, 2009 （22）.

[34] Jordan D. Gods, Ghosts and Ancestors: the Folk Religion of a Taiwanese Village. California: Stanford University Press, 1972.

[35] King P. Religion and Identity: The Role of Ideological, Social, and Spiritual Contexts, *Applied Developmental Science*, 2003, 7 （3）:197-204.

[36] Kirmani N.Religion and Development: Conflict or Cooperation. Development in Practice, 2008, 18 （6）;808-810.

[37] Leura R.Mapping the Development Activities of Faith-based Organizations in Tanzania. RAD Working Papers58, Birmingham.2011.

[38] Marshall K.Development and Religion: A Different Lenson Development Debates. *Peabody Journal of Education*. 2001, 76 （3&4）:339-375.

[39] Nustad K.Development: The Devil We Know.Third World Quarterly, 2001, 22 （4）: 479-489.

[40] Pelkmans M. Temporary Conversions: Encounters with Pentecostalism in Muslim Kyrgyzstan. In: Conversion after Socialism: Disruptions, Modernisms, and Technologies of Faith in the Former Soviet Union. Berghahn Books, 2009.

[41] Rakod C: A Framework for Analyzing the Links Between Religion and Development, *Development in Practice*, 2012, 22 （5&6）:634-650.

[42] Rakodi C.Inspirational, Inhibiting, Institutionalized:Exploring the Links between Religions and Development.RandD WP66, Birmingham,2011.

[43] Rakodi C.Understanding the Roles of Religion in Development:The Approach of the RaD Programme. Religions and Development WP9, Birmingham, 2007.

[44] Ranmo R. Theories of Conversion: Understanding and Interpreting Religious Change. *Social Compass*, 1999,46 （3）:259-271.

[45] RaymondW. Key Words: A Vocabulary of Culture and Society. London: Fontana Press: 976:102-104.

[46] Reese L&Shields G. Faith-based Economic Development.*Review of Policy Research*, 2000, 17（2-3）:84-103.

[47] Sachs W.The Development Dictionary: A Guide to Knowledge as Power （Second Edition）. London and New York: Zed Books Ltd, 2010.

[48] Schak D.Protestantism in China: a Dilemma for the Party-State,*Journal of Current Chinese Affairs*, 2011, 40（2）:71-106.

[49] Selinger L.The Forgotten Factor: The Uneasy Relationship between Religion and Development. *Social Compass*. 2004, 51（4）, 523-543.

[50] Silberman I. Religion as a Meaning System: Implications for the New Millennium. *Journal of Social Issues*, 2005, 61（4）: 641-663.

[51] Smith J. Religion, Religions, Religious. Critical Terms for Religious Studies.In Taylor C.Chicago: The University of Chicago Press, 1998:281-282.

[52] Szonyi M.Secularization Theories and the Study of Chinese Religions. *SocialCompass*, 2009, 56（3）:312-327.

[53] Taylor C. A Secular Age. Cambridge: Belknap Press of Harvard University Press, 2007.

[54] Ver B. Spirituality: A Development Taboo.*Development in Practice*, 2000, 10（1）:31-43.

[55] Wilber C&Jameson K. Religious Values and Social Limits to Development. *World Development*. 1980（8）,467-479.

[56] Williams E.Measuring Religious Social Capital: the Scale Properties of the Williams Religious.Social Capital Index （WRSCI）among Cathedral Congregations. *Journal of Beliefs&Values*, 2008, 29（3）:327-332.

[57] Yang, F.Between Secularist Ideology and Desecularizing Reality: The Birth and Growth of Religious Research in Communist China.The Sociology of Religion, *A Quarterly Review*, 2004, 65（2）:101-119.

[58] Weller, 范丽珠, Madsen, 等.对话宗教与社会资本.世界宗教文化, 2011（5）: 35-40.

[59] 阿隆.社会学主要思潮.葛智强，胡秉诚，王沪宁，译.上海：上海译文出版社, 2005.

[60] 阿伦特.人的境况.王寅丽，译.上海：上海人民出版社, 2009.

[61] 艾菊红.观察参与者的参与观察：一项经验性宗教研究的实例.世界宗教文化, 2009（3）: 5-9.

[62] 奥戴.宗教社会学.杜俊杰，刘润忠，译.北京：中国社会科学版, 1990.

[63] 巴比.社会研究方法基础.邱泽奇，译.北京：华夏出版社, 2002.

[64] 包尔丹.宗教的七种理论.陶飞亚等，译.上海：上海古籍出版社，2005.

[65] 包智敏.基督教（新教）的禁忌.中国宗教，2001（2）：35-36.

[66] 贝尔.资本主义文化矛盾.严蓓雯，译.南京：江苏人民出版社，2010.

[67] 贝格尔.神圣的帷幕——宗教社会学理论之要素.高师宁，何光沪，译.上海：上海人民出版社，1991.

[68] 贝格尔.天使的传言——现代社会与超自然再发现.高师宁，译.北京：中国人民大学出版社，2003.

[69] 贝拉，等.心灵的习性：美国人生活中的个人主义和公共责任.周穗明，翁寒松，翟宏彪，译者.北京：中国社会科学出版社，2011.

[70] 贝拉.德川宗教：现代日本的文化渊源.王晓山，戴茸，译.北京：三联书店，1998.

[71] 闵伟宁.改革开放与基督教在我国沿海农村的变迁——基督教在斜侨镇发展状况调查与思考.武汉大学学报（社会科学版），2001（5）：636-641.

[72] 波兰尼.大转型：我们时代的政治与经济起源文.冯钢，译.杭州：浙江大学出版社，2007.

[73] 博德利.发展的受害者.何小荣，谢胜利，李旺旺，译.北京：北京大学出版社，2011.

[74] 布朗.宗教心理学.金定元，王锡嘏，译.北京：今日中国出版社，1992.

[75] 布劳.社会生活中的交换与权力.李国武，译.北京：商务印书馆，2008.

[76] 布隆克.进步与看不见的手.林季红，译.南京：江苏人民出版社，2000.

[77] 曹海林.乡村社会变迁中的村落公共空间——以苏北窑村为例考察村庄秩序重构的一项经验研究.中国农村观察 2005（6）：61-73.

[78] 曹荣.灵验与认同——对京西桑村天主教群体的考察.民俗研究，2012（5）：146-151.

[79] 陈柏峰.基督教传播与中国宗教再认识——从鄂南农村经验切入.中国乡村研究（第9辑）.福州：福建教育出版社，2013：147-171.

[80] 陈彬，刘文钊.信仰惯习，供需合力，灵验驱动——当代中国民间信仰复兴现象的"三维模型"分析.世界宗教研究，2012（4）：100-107.

[81] 陈彬.宗教权威视角下的宗教组织变迁——对湘北某基督教堂的个案研究宗教学研究，2010（1）：93-98.

[82] 陈斌.宗教也有市场?——罗德尼·斯达克的宗教市场理论述评.大庆师范学院学报.2009（5）：45-50.

[83] 陈村富，吴欲波.城市化过程中的当代农村基督教.世界宗教研究，2005（2）：65-70.

[84] 陈村富.转型期的中国基督教——浙江基督教个案研究，北京：东方出版社，2005.

[85] 陈辉.人情债，人情圈与交往逻辑变化——基于浙西周村的调查.西南石油大学学报：社会科学版，2012（2）：16-20.

[86] 陈麟书，袁亚愚.宗教社会学通论.成都：四川大学出版社，1992.

[87] 陈荣富.对马克思主义宗教观涵义的阐释.浙江社会科学，2007（3）：3-7.

[88] 陈剩勇.村民自治何去何从—对中国农村基层民主发展现状的观察和思考，学术界，2009（1）：42-50.

[89] 陈双鹏.基层组织与乡村治理，云南行政学院学报，2004（4）：21-24.

[90] 陈向明.质的研究中的"局内人"与"局外人".社会学研究，1997（6）：80-88.

[91] 陈向义.马克思主义与发展主义的关系探析.哲学研究，2007（5）：15-18.

[92] 陈晓毅.中国式宗教生态：青岩宗教多样性个案研究.北京：社会科学文献出版社，2008.

[93] 陈新民，王旭升.电视的普及与村落"饭市"的衰落—对古坡大坪村的田野调查.国家新闻界，2009（4）：63-67.

[94] 陈泽民.中国教会赞美诗与文化融入.金陵神学志，2007（2）：4-19.

[95] 陈占江."基督下乡"的实践逻辑——基于皖北 C 村的田野调查.重庆社会科学，2007（9）：102-115.

[96] 陈志华.团契的四大功能.天风，2008（22）：12-13.

[97] 池田大作，威尔逊.社会与宗教.梁鸿飞，王健，译.成都：四川人民出版社，1991.

[98] 仇小玲.从"叫人"到"雇人"——关中定村农作活动中的人际关系变迁.南京：南京农业大学硕士学位论文.2009.

[99] 戴康生，彭耀.宗教社会学.北京：社会科学文献出版社，2000.

[100] 戴康生.当代新兴宗教.北京：东方出版社，1999.

[101] 狄德满.华北的暴力和恐慌：义和团运动前夕基督教传播和社会冲突.崔华杰，译.南京：江苏人民出版社，2011.

[102] 董磊明.村庄公共空间的萎缩与拓展.江苏行政学院学报，2010(5)：51-57.

[103] 杜晓田.从农村基督教盛行看农民社会保障需求——基于豫西南 H 村的调查.西北人口，2011（4）：43-47.

[104] 杜赞奇.文化，权力与国家.王福明，译.南京：江苏人民出版社，1995.

[105] 段德智.宗教与社会：对作为宗教学的宗教社会学的一个研究.北京：中国文史出版社，2005.

[106] 段琦.奋进的历程.北京：商务印书馆，2004.

[107] 段琦.宗教生态失衡对基督教发展的影响——以江西余干县的宗教调查为例.中国民族报·宗教专刊，2010-01-19（6）.

[108] 段琦.宗教生态失衡与中国基督教的发展，见：中国统一战线理论研究会民族宗教理论甘肃研究基地秘书处.当代中国民族宗教问题研究（第 4 集）.北京：中国社会科学出版社，2009.

[109] 范丽珠，Whitehead，Whitehead.宗教社会学：宗教与中国.北京：时事出版社，2010.

[110] 范丽珠.现代宗教是理性选择的吗？质疑宗教的理性选择研究范式.社会.2008（6）：90-226.

[111] 范正义.试论教徒的功利心态在基督教对华传播中的作用.乐山师范学院学报.2011（7）：111-114.

[112] 范正义.众神喧哗中的十字架：基督教与福建民间信仰共处关系研究.北京：社会科学文献出版社，2015.

[113] 方敏.宗教归信与社会资本.天津：南开大学博士学位论文.2010.

[114] 方文.群体符号边界如何形成?——以北京基督新教群体为例.社会学研究，2005（1）：25-59.

[115] 方文.宗教群体资格简论.上海大学学报：社会科学版，2007（3）：106-110.

[116] 费孝通.乡土中国 生育制度.北京：北京大学出版社，1998.

[117] 费孝通.乡土重建.长沙：岳麓书社，2012.

[118] 风笑天.论参与观察者的角色.华中师范大学学报（人文社会科学版），2009（3）：39-44.

[119] 傅良平.基督教在河南.河南文史资料.政协河南省委员会文史资料研究委员会编辑出版，1993.

[120] 甘满堂.灵验与感恩——汉民族宗教体验的互动模式.民俗研究，2010（1）：67-74.

[121] 高师宁.当代北京的基督教与基督徒—宗教社会学个案研究.香港：道风书社，2005a.

[122] 高师宁.当代中国民间信仰对基督教的影响.浙江学刊, 2005b（2）: 50-55.

[123] 高师宁.世俗化与宗教的未来.中国人民大学学报.2002（5）: 34-38.

[124] 高师宁.新兴宗教初探.北京: 中国社会科学出版社, 2006.

[125] 高师宁.中国社会认识基督教之途径及其思考.见: 李灵曾, 庆豹.中国现代化视野下的教会与社会.上海: 上海人民出版社, 2011.

[126] 高师宁.宗教社会学在中国.中国人民大学学报, 2004（5）: 86-91.

[127] 高稀.传教和行医: 不同道不相为谋.自辩证法通讯, 1996（4）: 39-46.

[128] 高晓巍, 左停.农村社区互助与农户生计安全.广西社会科学, 2007（6）: 149-152.

[129] 戈夫曼.污名: 受损身份管理札记.宋立宏, 译.北京: 商务印书馆, 2009: 2-27.

[130] 格尔茨.文化的解释.韩莉, 译.南京: 译林出版社, 1999.

[131] 龚春明, 朱启臻.村落的终结, 纠结与未来: 经验反思及价值追寻.学术界, 2012（6）: 265-281.

[132] 龚春明.城镇化进程中村落的价值和发展研究.北京: 中国农业大学博士学位论文, 2013.

[133] 古德.原始宗教.张永钊等, 译.郑州: 河南人民出版社, 1990.

[134] 顾长声.从马礼逊到司徒雷登——来华新教传教士评传.上海: 上海人民出版社, 1985.

[135] 顾长声.马礼逊评传.上海: 上海书店出版社, 2006.

[136] 桂华."过日子"与圆满人生——农民宗教生活的基本形态.二十一世纪.二零一三年十二月号.

[137] 郭慧玲.中国宗教群体边界研究.北京: 北京大学博士学位论文, 2013.

[138] 郭于华.仪式与社会变迁.北京: 社会科学文献出版社, 2000.

[139] 韩彼得.怎样做一个基督徒.南京: 江苏基督教协会印制, 1988.

[140] 韩恒.传播模式与农村基督教群体特征的演变.世界宗教文化, 2012（5）: 90-98.

[141] 何慧丽.农村宗教生态: "多元一体"关系的动态发展——以河南农村为例[J].中国农村观察, 2011（2）: 67-73.

[142] 何兰萍.关于重构农村公共文化生活空间的思考.学习与实践, 2007（11）: 122-126.

[143] 河南省基督教教会规章.河南省基督教协会, 2013-05-15.

[144] 河南省宗教事务条例.河南省人民代表大会常务委员会，2005-07-30.

[145] 贺雪峰，刘勤.农村低保缘何转化为治理手段.中国社会导刊，2008（3）：26-27.

[146] 贺雪峰，仝志辉.论村庄社会关联——兼论村庄秩序的社会基础.中国社会科学，2002（3）：124-134.

[147] 贺雪峰，杨华.西方宗教在中国农村的传播现状、发生机制与治理对策--农村社会内部的视角.未刊稿.2008.

[148] 贺雪峰.论熟人社会的人情.南京师大学报(社会科学版)，2011(4)：20-27.

[149] 贺雪峰.乡村秩序与县乡村体制——兼论农民的合作能力问题江苏行政学院学报，2003（4）：94-100.

[150] 贺雪峰.新乡土中国.桂林：广西师范大学出版社.2003.

[151] 科亨.犹太教——一种生活之道.徐新，张利伟，等译.成都：四川人民出版社，2007.

[152] 横扫一切牛鬼蛇神.人民日报，1966-06-01.

[153] 怀特.街角社会.黄育馥，译.北京：商务印书馆，1994.

[154] 黄剑波，刘琪.私人生活，公共空间与信仰实践——以云南福贡基督教会为中心的考察.开放时代.2009（2）：100-109.

[155] 黄剑波."四人堂"纪事——中国乡村基督教的人类学研究.北京：中央民族大学博士学位论文，2003.

[156] 黄奎.当代宗教研究.见：卓新平.中国宗教学30年.北京：中国社会科学出版社，2008.

[157] 黄宗智.长江三角洲的小农家庭与乡村发展.北京.中华书局.2000.

[158] 霍布斯鲍姆.传统的发明（顾杭，庞冠群，译者）.南京：译林出版社，2012.

[159] 吉登斯.社会学（第五版）.李康，译.北京：北京大学出版社，2009.

[160] 汲喆.如何超越经典世俗化理论?——评宗教社会学的三种后世俗化论述.社会学研究，2008（4）：55-75.

[161] 蒋英菊.苏村的互助——乡村互惠交换体系的人类学分析（上）.广西右江民族师专学报，2004（1）：25-32.

[162] 蒋志敏，徐祖根.面对十字架的思考——中国"基督教热"透视.1989(5)：6-9.

[163] 金耀基，范丽珠.研究中国宗教的社会学范式——杨庆堃眼中的中国社会宗教.社会，2007（01）：1-13.

[164] 金泽，等.宗教蓝皮书：中国宗教报告（2010）.北京：社会科学文献出版社，2010.

[165] 金泽.宗教禁忌.北京：社会科学文献出版社，2007.

[166] 金泽.宗教学理论研究.见：阜新平.中国宗教学 30 年.北京：中国社会科学出版社，2008.

[167] 克莱恩，布鲁姆伯格，哈伯德.基督教释经学.尹妙珍，译，上海：上海人民出版社，2011.

[168] 寇宗来."以药养医"与"看病贵，看病难".世界经济，2010（1）：49-68.

[169] 库比特.西方的意义.王志成，灵海，译.成都：四川人民出版社，2012.

[170] 库尔茨.地球村里的诸神：宗教社会学入门.薛品，王旭辉，译.北京：北京大学出版社，2010.

[171] 雷.宗教资本：从布迪厄到斯达克，世界宗教文化，2012（2）：14-20.

[172] 李传斌.教会医疗事业与基督教在近代中国的传播.自然辩证法通讯，2007（5）：69-74.

[173] 李峰.乡村基督教的组织特征及其社会结构性位秩：华南 Y 县 X 镇基督教教会组织研究.复旦大学出版社，2005.

[174] 李浩昇.锲入，限度和走向：乡村治理结构中的基督教组织——基于苏北 S 村的个案研究.2011（2）：87-96.

[175] 李华伟.苦难与改教：河南三地乡村民众改信基督教的社会根源探析.中国农业大学学报（社会科学版），2012（3）：81-91.

[176] 李华伟.乡村公共空间的变迁与民众生活秩序的建构——以豫西陈村宗族，庙会与乡村基督教的互动为例.民俗研究，2008（4）：72-101.

[177] 李华伟.乡村基督徒与儒家伦理——豫东李村教会个案研究.北京：社会科学文献出版社，2013.

[178] 李路由.文化的冲突与认同的建构.学术界，2012（9）：99-108.

[179] 李天纲.中国礼仪之争：历史·文献和意义.上海：上海古籍出版社，1998.

[180] 李向平，魏杨波.口述史研究方法.上海：上海人民出版社，2010.

[181] 李向平，吴小永.当代中国基督教的"堂-点模式"宗教的社会性与公共性视角.上海大学学报（社会科学版），2008（5）：104-111.

[182] 李向平."场所"为中心的宗教活动空间——变迁中的中国"宗教制度".基督教文化评论：宗教社会学专辑，2007（26）：93-112.

[183] 李向平."宗教生态",还是"权力生态"——从当代中国的"宗教生态论"思潮谈起.上海大学学报(社会科学版),2011(1):1-17.

[184] 李向平.信仰,革命与权力研究:中国宗教社会学研究.上海人民出版社,2006.

[185] 李向平.信仰但不认同:当代中国信仰的社会学诠释.社会科学文献出版社,2010.

[186] 李小云,等.农户脆弱性分析方法及其本土化应用.中国农村经济,2007(4):32-39.

[187] 李小云,齐顾波,徐秀丽.普通发展学(第二版).北京:社会科学文献出版社,2012.

[188] 李小云.参与式发展概论:理论-方法-工具.北京:中国农业大学出版社,2001.

[189] 李小云.干预性与自主性变迁:中国农村发展的双重要素.见:李小云,等.2009年中国农村情况报告,北京:中国农业出版社,2010.

[190] 李永清.关于基督教在武汉市农村发展的思考.中南民族学院学报,1989(3):37-41.

[191] 栗峥.离土中国背景下的乡村纠纷研究.南京农业大学学报(社会科学版),2012(2):34-42.

[192] 联合国开发计划署.2004年人类发展报告:当今多样化世界中的文化自由.北京:中国财政经济出版社,2004.

[193] 梁家麟.改革开放以来的中国农村教会.香港:道风书社,1999.

[194] 梁丽萍.社会转型与宗教皈依:以基督教徒为对象的考察.世界宗教研究,2006(2):72-82.

[195] 梁丽萍.中国人的宗教心理——宗教认同的理论分析和实证研究.北京:社会科学文献出版社,2004.

[196] 梁启超."新民说"第九节"论自由".梁启超选集,上海:上海人民出版社,1994.

[197] 梁漱溟.中国文化要义.上海:上海人民出版社,2005.

[198] 梁永佳.中国农村宗教复兴与"宗教"的中国命运."中国农村发展中的宗教问题"研讨会会议论文.北京:2013-05-09.

[199] 梁振华,李倩,齐顾波.农村发展项目中的村干部能动行为分析——基于宁夏张村的个案研究.中国农业大学学报(社会科学版),2013(1):66-73.

[200] 梁振华,齐顾波.村庄虚空化背景下农村留守妇女多元角色分析——基于河南范庄的个案研究.西北人口，2013（5）：103-107.

[201] 列宁选集（第2卷）.北京：人民出版社，1995.

[202] 林巧薇.杨凤岗博士谈宗教社会学的范式转型.宗教学研究.2003（3）：140-141.

[203] 刘海涛.透视中国农村基督教.北京：中央民族大学博士论文，2006.

[204] 刘海涛.学者看宗教——读《当代中国宗教研究精选丛书》.世界宗教研究，2008（2）：141-143.

[205] 刘海涛.转型时期河北基督教现状研究.世界宗教文化，2010（5）：75-81.

[206] 刘澎：家庭教会：问题与解决方案，领导者，2010（40）：94-107.

[207] 刘诗伯.对城乡基层基督教徒"功利性"的比较分析.青海民族研究，2006（2）：142-147.

[208] 刘铁梁.村落——民俗传承的生活空间.北京师范大学学报（社会科学版），1996（6）：42-48.

[209] 刘义.宗教与全球发展：一种对话路径.世界宗教文化，2012（2）：23-29.

[210] 刘艺.论农村人情消费.湖南社会科学.2008（5）：98-101.

[211] 刘颖，任苒.大病卫生支出及其影响.中国卫生经济.2010（3）：37-39.

[212] 刘志军.乡村都市化与宗教信仰变迁：张店镇个案研究.社会科学文献出版社，2007.

[213] 刘祖云，黄博.村庄精英权力再生产：动力，策略及其效应.理论探讨，2013（1）：32-36.

[214] 卢克曼.无形的宗教.谭方明，译.北京：中国人民大学出版社，2003.

[215] 卢云峰.变迁社会中的宗教增长.北京大学学报（哲学社会科学版）.2010（6）：28-34.

[216] 卢云峰.超越基督宗教社会学——兼论宗教市场理论在华人社会的适用性问题.社会学研究.2008（5）：81-97.

[217] 卢云峰.苦难与宗教增长：管制的非预期后果.社会.2010（4）：200-216.

[218] 卢云峰，吴越，张春泥.中国到底有多少基督徒?——基于中国家庭追踪调查的估计[J].开放时代，2019（01）：165-178.

[219] 鲁帆，魏昌斌.透视农村地区宗教热问题.前沿，2003（4）：78-80.

[220] 罗兴佐.论民间组织在村庄治理中的参与及后果——对浙江省先锋村村治过程的初步分析.中国农村观察，2003（5）：57-63.

[221] 吕大吉.宗教是什么——宗教的本质，基本要素及其逻辑结构.世界宗教研究，1998（2）：1-20.

[222] 吕大吉.宗教学纲要.北京：高等教育出版社，2003：12-13.

[223] 吕小敏.迦南诗选（1520首）.内部印刷，2012.

[224] 马丁.马丁论权威——兼论M.韦伯的"权威三类型说.罗述勇，译.国外社会科学，1987（2）：28-31.

[225] 马克思恩格斯选集（第3卷）.北京：人民出版社，2002.

[226] 马智敏.解构与建构：村庄共同体变迁中的农村家庭教会——对皖北W村的调查.武汉：华中师范大学硕士学位论文，2011.

[227] 麦格拉思.基督教概论.孙毅，马树林，李洪昌，译.上海：上海人民出版社，2013.

[228] 麦克林.传统与超越.干春松，杨凤岗，译.北京：华夏出版社，2000.

[229] 麦克斯·缪勒.宗教的起源和发展.陈观胜，金泽，译.上海：上海人民出版社，2010.

[230] 孟子.万丽华，杨旭，译注.北京：中华书局，2006.

[231] 米尔斯.社会学的想象力.陈强，张永强，译.北京：三联书店，2005.

[232] 默顿.科学社会学.鲁旭东，林聚任，译.北京：商务印书馆，2003.

[233] 牟钟鉴.中国宗教问题研究的现状与发展.西北民族大学学报（哲学社会科学版），2009（3），1-5.

[234] 牟钟鉴.宗教生态论.世界宗教文化，2012（1）：1-10.

[235] 纽曼.社会研究方法：定性和定量的取向.郝大海，译.北京：中国人民大学出版社，2007.

[236] 欧阳静.农民如何选择电视节目.华中科技大学学报社会科学版，2008（6）：114-118.

[237] 欧阳肃通.转型视野下的中国农村宗教——兼以乡村基督教为个案考察.北京：中国社会科学出版社，2009.

[238] 潘鸿雁，孟献平.家庭策略与农村非常规核心家庭夫妻权力关系的变化.新疆社会科学.2006（6）：84-89.

[239] 朋霍费尔.作门徒的代价.安希孟，译.成都：四川人民出版社.2000.

[240] 彭俊.基督教对乡村伦理的影响研究——对苏北石庄村的调查.武汉：华中科技大学硕士学位论文，2009.

[241] 平安县志.郑州：中州古籍出版社，1999.

[242] 齐美尔.宗教社会学.曹卫东，译.上海：上海人民出版社，2003.

[243] 钱穆.中国文化史导论.台北：台湾联经出版事业公司，1994.

[244] 乔治.进步和贫困（吴良健，王翼龙，译者）.北京：商务印书馆，2010.

[245] 秦家懿，孔汉思.中国宗教与基督教.吴华，译.北京：三联书店，1990.

[246] 邱永辉.当代宗教研究30年综述.见：金泽，邱永辉.中国宗教报告（2008）北京：社会科学文献出版社，2008：16-70.

[247] 任守云，叶敬忠.市场化背景下李村的换工与雇工现象分析——兼与禄村之比较.中国农村经济，2011（6）：72-81.

[248] 任守云.市场嵌入与自我剥削——李村商品化过程研究.北京：中国农业大学博士学位论文，2012.

[249] 任振宇.乡村流动餐厅价廉还得卫生.法制日报，2011-12-18.

[250] 萨林斯.文化与实践理性.赵丙祥，译.上海：上海人民出版社，2002.

[251] 桑塔格.疾病的隐喻.程巍，译.上海：上海译文出版社，2003.

[252] 森.以自由看待发展.任赜，于真，译.北京：中国人民大学出版社，2002.

[253] 圣经简体中文和合本.中国基督教协会.南京：爱德印刷有限公司.2009.

[254] 圣经启导本.中国基督教协会.南京：爱德印刷有限公司.2012.

[255] 施坚雅.中国农村的市场和社会结构.史建云，徐秀丽，译.北京：中国社会科学出版社，1998.

[256] 施晓伟.英汉语言禁忌的建构与解构.浙江大学学报（人文社会科学版），2006（4）：166-173.

[257] 史维东.中国乡村的基督教：1860-1900年江西省的冲突与适应.吴薇，译.南京：江苏人民出版社.2013.

[258] 世界宗教研究所基督教调研课题组.中国基督教调研报告集.北京：中国社会科学出版社，2011.

[259] 斯达克，本布里奇.宗教的未来.夏苗，译.北京：中国人民大学出版社，2006.

[260] 斯达克，芬克.信仰的法则：解释宗教之人的方面.杨凤岗，译.北京：中国人民大学出版社，2004.

[261] 斯特伦.人与神：宗教生活的理解.金泽，何其敏，译.上海：上海人民出版社，1991.

[262] 孙立平.迈向实践的社会学.江海学刊，2002（3）：84-90.

[263] 孙立平.实践社会学与市场转型过程分析.中国社会科学，2002（5）：83-96.

[264] 孙倩.村民自治制度下少数民族乡村村落精英的心态与行为分析——以湖北西部土家族地区农村为例.中南民族大学学报（人文社会科学版），2004（3）：23-27.

[265] 孙庆忠.离土中国与乡村文化的处境.江海学刊，2009（4）：136-142.

[266] 孙善玲.中国民间基督教.金陵神学志，1994（2）：45-51.

[267] 孙尚扬.世俗化与去世俗化的对立与并存.哲学研究.2008（7）：103-111.

[268] 孙尚扬.宗教社会学.北京：北京大学出版社，2001.

[269] 汤普逊.过去的声音：口述史.覃方明，渠东，张旅平，译.沈阳：辽宁教育出版社，2000.

[270] 唐丽沙.宗教禁忌的起源与基本特征.重庆科技学院学报（社会科学版），2010（9）：44-45.

[271] 唐晓峰.改革开放以来的中国基督教及研究.北京：宗教文化出版社，2013.

[272] 滕尼斯.共同体与社会.林荣远，译.北京：商务印书馆，1999.

[273] 佟新.话语对社会性别的建构.浙江学刊，2003（4）：211-216.

[274] 涂尔干，莫斯.原始分类.汲喆，译.上海：上海人民出版社，2005.

[275] 涂尔干.乱伦禁忌及其起源.汲喆，译.上海：上海人民出版社，2006b.

[276] 涂尔干.社会分工论.渠东，译.北京：三联书店，2000.

[277] 涂尔干.职业伦理与公民道德.渠东，付德根，译.上海：上海人民出版社，2006c.

[278] 涂尔干.宗教生活的基本形式.渠东，汲喆，译.上海：上海人民出版社，2006a.

[279] 托尼.宗教与资本主义的兴起.赵月瑟，夏镇平，译.上海：上海译文出版社，2013.

[280] 汪小红，朱力."离土"时代的乡村信任危机及其生成机制——基于熟人信任的比较.人文杂志，2013（8）：98-104.

[281] 王春光，等.村民自治的社会基础和文化网络——对贵州省安顺市J村农村公共空间的社会学研究.浙江学刊，2004（1）：237-146.

[282] 王德福.缺失公共性的公共空间——基于浙东农村的考察.中共宁波市委党校学报.2011（2）：67-73.

[283] 王丽萍，等.基督教在农村社区传播现状的调查与分析——以豫东Z县X基督教社区为例.西北民族大学学报（哲学社会科学版），2010（4）：30-34.

[284] 王美秀，等.基督教史.南京：江苏人民出版社，2008.

[285] 王美秀.基督教的中国化及其难点.世界宗教研究，1996（1）：74-82.

[286] 王铭铭.中国民间宗教：国外人类学研究综述.世界宗教研究.1996（2）：125-134.

[287] 王晓朝.论基督教的本土化.上海社会科学院学术季刊，1998（2）：105-111.

[288] 王莹.身份建构与社会融合——中原地区基督教会个案研究.上海：上海人民出版社.2011.

[289] 韦伯.古犹太教.康乐，简惠美，译.桂林：广西师范大学出版社，2007.

[290] 韦伯.经济与社会.林荣远，译.北京：商务印书馆，1997.

[291] 韦伯.儒教与道教.王荣芬，译，北京：商务印书馆，1995.

[292] 韦伯.新教伦理与资本主义精神.于晓，陈维纲，译.北京：三联书店，1987.

[293] 韦伯.印度的宗教，印度教与佛教.康乐，简惠美，译.桂林：广西师范大学出版社，2005a.

[294] 韦伯.中国的宗教：宗教与世界.康乐，简惠美，译.桂林：广西师范大学出版社，2004.

[295] 韦伯.宗教社会学.康乐，简惠美，译.桂林：广西师范大学出版社出，2005b.

[296] 魏德东.宗教社会科学：内涵与价值.中国人民大学学报.2006（6）：48-54.

[297] 魏德东.宗教社会学的范式转换及其影响.中国人民大学学报.2010（3）：61-69.

[298] 温钦虎.从近代教案看基督教和中国社会习俗的冲突.甘肃社会科学，2000（3）：47-53.

[299] 翁翠琴.试论《赞美诗（新编）》中的基督教真理秩序.金陵神学志，2011（2）：61-79.

[300] 吴飞.论过日子.社会学研究.2007（6）：66-86.

[301] 吴飞.麦芒上的圣言.香港：道风书社，2001.

[302] 吴飞.中国农村的宗教精英——华北某县农村天主教活动考察.战略与管理，1997（4）：54-62.

[303] 吴理财，张良.农民的精神信仰：缺失抑或转化?——对农村基督教文化盛行的反思.人文杂志，2010（2）：175-180.

[304] 吴理财.个体化与当代中国农村宗教发展.江汉论坛.2014（3）：135-139.

[305] 吴理财.农民的文化生活：兴衰与重建.中国农村观察，2007（2）：62-69.

[306] 希克.理性与信仰.陈志平，王志成，译.成都：四川人民出版社，2003.

[307] 席升阳，马凌，宋清华，等.河南农村宗教活动对基层政权的影响及对策研究.洛阳工学院学报（社会科学版），2002（1）：42-47.

[308] 夏柱智，贺雪峰.半工半耕与中国渐进城镇化模式.中国社会科学，2017（12）：117-137.

[309] 肖唐镖.转型中的乡村建设：过程，机制与政策分析.中国农村观察，2003（6）：65-74.

[310] 邢成举，李小云.精英俘获与财政扶贫项目目标偏离的研究.中国行政管理，2013（9）：109-113.

[311] 邢福增，梁家麟.中国祭祖问题.香港：建道神学院基督教与中国文化研究中心，1997.

[312] 徐家良，郝君超.宗教权威的建构路径研究——来自 W 市基督教会的启示.中国农业大学学报（社会科学版），2012（3）：75-80.

[313] 许宝强.发展主义的迷失.读书，1999（7）：18-24.

[314] 许烺光.中国人与美国人.徐隆德，译者.台北：南天书局，1993.

[315] 雪莱.基督教会史（第三版）.刘平，译.上海：上海人民出版社，2012.

[316] 严海蓉.虚空的农村和空虚的主体.读书，2005（7）：44-53.

[317] 阎云翔.礼物的流动：一个中国村庄的互惠原则与社会网络.李放春，刘瑜，译.上海：上海人民出版社，2000.

[318] 阎云翔.私人生活的变革：一个中国村庄里的爱情，家庭与亲密关系（1949-1999）.龚小夏，译.上海：上海书店出版社，2009.

[319] 杨凤岗.当代中国的宗教复兴与宗教短缺，文化纵横，2012（1）：26-31.

[320] 杨凤岗.皈信·同化·叠合身份认同——北美华人基督徒研究.默言，译.北京：民族出版社.2008.

[321] 杨凤岗.中国宗教的三色市场.中国农业大学学报（社会科学版）.2008（4）：93-112.

[322] 杨宏山.皖东农村“基督教热”调查与思考.江淮论坛，1994（4）：30-34.

[323] 杨念群.西医传教士的双重角色在中国本土的结构性紧张.中国社会科学季刊（香港），1997 年春夏季卷.

[324] 杨庆堃.中国社会中的宗教：宗教的现代社会功能及其历史因素之研究.范丽珠，译.上海：上海人民出版社，2007.

[325] 杨善华，梁晨.农民眼中疾病的分类及其“仪式性治疗”——以河北 Y 县 NH 村为例.社会科学，2009（3）：82-88.

[326] 杨善华，孙飞宇.作为意义探究的深度访谈.社会学研究，2005（5）：53-68.

[327] 杨善华，谢立中.西方社会学（上卷）.北京：北京大学出版社，2005.

[328] 姚南强.宗教社会学.东华大学出版社，2004.

[329] 叶本乾.村庄精英：村庄权力结构的中介地位.中国农村观察，2005（1）：45-53.

[330] 叶启政.社会理论的本土化建构.北京：北京大学出版社，2006.

[331] 叶敬忠，贺聪志.静寞夕阳——中国农村留守老人.北京：社会科学文献出版社，2008.

[332] 叶敬忠，潘璐.别样童年——中国农村留守儿童.北京：社会科学文献出版社，2008.

[333] 叶敬忠，王伊欢.留守儿童的监护现状与特点.人口学刊，2006（3）：55-59.

[334] 叶敬忠，吴惠芳.阡陌独舞——中国农村留守妇女.北京：社会科学文献出版社，2008.

[335] 一民，功勤，运良.农村宗教活动正常化关键在于引导：关于固始县基督教的调查和思考. 信阳师范学院学报（哲学社会科学版）.1990（1）：29-36.

[336] 英格.宗教的科学研究.金泽等，译.北京：中国社会科学版， 2009.

[337] 于建嵘.基督教的发展与中国社会稳定——与两位"基督教家庭教会"培训师的对话.经济管理文摘，2009（23）：21-27.

[338] 约翰斯通.社会中的宗教：一种宗教社会学.袁亚愚，钟玉英，译.成都：四川人民出版社，1991.

[339] 翟学伟.人情，面子与权力的再生产——情理社会中的社会交换方式.社会学研究，2004（5）：48-57.

[340] 翟学伟.中国人际关系的特质——本土的概念及其模式.社会学研究，1993（4）：74-83.

[341] 詹姆士.宗教经验之种种.唐钺，译.北京：商务印书馆，2002.

[342] 张纯刚，贾莉平，齐顾波.乡村公共空间：作为合作社发展的意外后果.南京农业大学学报（社会科学版）2014（2）：8-14.

[343] 张国刚，吴莉苇.礼仪之争对中国经籍西传的影响.中国社会科学， 2003（4）：190-203.

[344] 张静.基层政权：乡村制度诸问题.上海：上海人民出版社，2007.

[345] 张柠.土地的黄昏：乡村经验的微观权力研究.北京：东方出版社，2005.

[346] 张世勇.电视下乡：农民文化娱乐方式的家庭化.华中科技大学学报社会科学版，2008（6）：106-110.

[347] 张文宏，阮丹青.城乡居民的社会支持网.社会学研究.1999（3）：12-24.

[348] 张秀敏，杨莉萍.个体和社会心理功能视域中的团契存在.深圳大学学报（人文社会科学版），2013（3）：123-129.

[349] 张玉林."离土时代"的农村家庭——民工潮如何解构乡土中国.人类学与乡土中国——人类学高级论坛.2005：80-105.

[350] 张玉林.当今中国的城市信仰与乡村治理.社会科学.2013（10）：71-75.

[351] 张玉林.流动与瓦解——中国农村的演变及其动力.北京：中国社会科学出版社，2012.

[352] 张志刚."基督教中国化"三思.世界宗教文化，2011（5）：7-13.

[353] 张志刚.宗教研究指要.北京：北京大学出版社，2007.

[354] 张志鹏.灵性资本：内涵，特征及其在转型期中国的作用，南京理工大学学报（社会科学版），2010（2）：27-33.

[355] 赵家珍.开封民族宗教志.香港：天马出版社，2000.

[356] 赵旭东."灵"，顿悟与理性：知识创造的两种途径.思想战线，2013（1）：17-21.

[357] 赵旭东.权力与公正：乡土社会的纠纷解决与权威多元.天津：天津古籍出版社，2003.

[358] 赵旭东.田野八式：人类学的田野研究方法.民族学刊，2015（01）：1-8.

[359] 赵旭东.文化的表达：人类学的视野.北京：中国人民大学出版社，2009.

[360] 赵旭东.乡村成为问题与成为问题的中国乡村研究——围绕"晏阳初模式"的知识社会学反思，中国社会科学，2008（3）：111-117.

[361] 中国基督教教会规章.天风，2008（3）：4-7.

[362] 中华人民共和国国务院新闻办公室.《中国保障宗教信仰自由的政策和实践》白皮书，新华网，http://www.xinhuanet.com/politics/2018-04/03/c_1122629624.htm。

[363] 中华续行委办公调查特委会.中华归主.蔡詠春，段琦等，译.北京：中国社会科学出版社，1985.

[364] 朱小田.近代江南茶馆与乡村社会运作.社会学研究，1997（5）：52-59.

[365] 朱晓莹."人情"的泛化及其负功能.社会，2003（9）：28-30.

[366] 庄孔韶.银翅：中国的地方社会与文化变迁.北京：三联书店.2000：425-446.

[367] 庄龙玉，简小鹰.个人主义视域下农村青年婚姻"啃老"现象探究——以黑龙江省 D 村为例.西北人口，2013（3）：112-115.

[368] 卓新平.中国宗教学 30 年.北京：中国社会科学出版社，2008.

[369] 周志治.认识赞美诗.金陵神学志，2012（1-2）：131-156

[370] 宗教活动场所财务监督管理办法（试行）.国家宗教事务局.2010-01-11.

[371] 宗教活动场所设立审批和登记办法.国家宗教事务局.2005-04-14.

附录一　基督教与乡村社会变迁访谈提纲

调查时间：_____调查地点：_____被访谈者姓名：_____，性别：_____，年龄：_____

电话号码：_____，问卷编号_____经济发展水平：1=富裕户　2=中等户　3=贫困户

一、家庭成员基本情况

您家里有_____口人，其中劳动力_____人，男性劳动力_____人。

	与户主关系	年龄（周岁）	性别	文化	宗教信仰	健康状况：1=健康　2=慢性病　3=大病　4=残疾　5=其他	劳动能力：1=整劳力　2=半劳力　3=无劳力	目前身份：1=在读学生　2=务农　3=县外打工　4=县内打工　5=经商　6=村干部　7=无力劳动　8=干家务　9=其他
1								
2								
3								
4								
5								
6								
7								

代码：与户主的关系：1=户主　2=户主妻子　3=儿子/女儿　4=儿媳妇/女婿　5=孙子/孙女　6=父亲/母亲　7=兄弟/姐妹　8=其他亲属　9=收养的人　10=无亲属关系/佣人

二、农户基本情况

2.1 土地使用情况：

耕地总资源＿＿亩，其中：水田，水浇地面积＿＿亩；小麦＿＿亩；玉米＿＿亩；水稻＿＿亩；莲藕＿＿亩；其它经济作物面积＿＿亩；租种面积＿＿亩；出租面积＿＿亩。

2.2 拥有耐用消费品状况：

计算机＿＿，冰箱＿＿，彩电＿＿，摩托车＿＿，移动电话＿＿，洗衣机＿＿，空调＿＿，热水器＿＿，照相机或摄像机＿＿，影碟机＿＿。

2.3 生产性固定资产状况：

汽车＿＿，大中型拖拉机＿＿，小型手扶拖拉机＿＿，收割机＿＿，水泵＿＿，役畜＿＿

2.4 收支结构：

2.4.1 现金收入总额＿＿元，其中，工资性收入＿＿元，种植业收入＿＿元，养殖业收入＿＿元，家庭非农业经营收入＿＿元，政府转移性收入＿＿元，在外人口寄回的转移性收入＿＿元，财产性收入＿＿元。

2.4.2 现金支出总额：家庭经营费用支出＿＿元；购置生产性固定资产支出＿＿元；生活消费支出＿＿元，其中，1. 食品＿＿元，2. 衣着＿＿元，3. 居住＿＿元，4. 家庭设备，用品及服务＿＿元，5. 医疗保健＿＿元，6. 交通通讯＿＿元，7. 文教娱乐用品及服务＿＿元，8. 其他＿＿元；礼金支出＿＿元，财政性支出（盖房子等）＿＿元。

三、家庭成员工作情况

成员编号	当年从事的主要行业	从事农业生产时间（月）	从事非农生产时间（月）	是否外出打工	外出务工地点	从事的行业	外出收入
1							
2							
3							
4							
5							
6							

注：如果农户没有人外出务工，需要继续关注家庭成员是否曾经外出务工，打工时间的长短和外出务工类型，以及为什么不再外出务工。

四、个体宗教信仰基本状况

4.1 信仰初始年龄和信仰时间（包括受洗时间，受洗地点是否注册）

4.2 信教的个人原因或家庭原因

4.3 接触宗教信仰的渠道（教职人员，家庭和亲属，其他信徒和朋友）

4.4 参与宗教活动的类型（具体形式是什么），是否经常参加宗教活动

4.5 参加宗教活动的场所（包括自己家的个人祷告）

4.6 获取宗教知识的主要来源（基督教例如圣经，赞美诗，教会布道，家庭聚会，报纸，广播，音像，播放器等等）

4.7 信教后生活是否变化，如果有，是什么变化？

4.8 信教后是否有"神迹"发生？是否在教会作见证？

4.9 信教后人际关系有哪些变化？

4.10 每年的宗教投入（时间和奉献）有哪些？

4.11 您祷告时，一般祷告哪些事情？如果祷告没有得到上帝的应许，您会怎么想？

4.12 您的信仰是否出现过动摇，为什么？您怎么看待人生的苦难？

4.13 信教对您的农事工作或外出务工是否有影响？

4.14 您是否成功地给其他村民传教？如果有，您是如何传的？

五、信教对家庭关系的影响

5.1 信教的家庭原因是什么？

5.2 家人是否支持自己信教，是否曾经爆发冲突或矛盾？信教后夫妻关系是否改善？

5.3 是否向家人传教，他们如何回应？

5.4 信教后婆媳关系是否有所改善？

5.5 关于祭祖、春联、春节、葬礼等活动，家里是否有争议（关于礼仪冲突）？

5.6 信教是否引起亲戚间的争论？

六、个人与教会的互动

6.1 参与的教会（包括本村聚会点）

6.2 与教会成员间的交往

6.3 个人与小组长（执事）之间的关系？什么情况下会咨询相关的事情？

6.4 教会（包括成员）给个人提供了哪些服务和帮助？

6.5 教会在农事生产等方面是否为个人提供帮助和扶持？

6.6 教会组织在个人的日常生活中扮演着什么角色？

6.7 个人在教会中学习的宗教知识有哪些？

6.8 什么情况下不去参加教会活动？

6.9 教会发展面临哪些挑战？

6.10 每年的宗教投入（时间和奉献）有哪些？

七、社区参与邻里关系

7.1 村民选举中，您有哪些参与？

7.2 在村庄修路、灌溉等社区公共事务中，您是否有所参与？

7.3 农忙时节，您与邻里有哪些互助关系？如果没有，为什么？

7.4 日常生活中有困难时，一般找谁解决？

7.5 您信教后，与乡里之间的关系是否有变化？是否与主内其他姊妹的关系更好？

7.6 与邻里有冲突时，一般找谁解决？

7.7 信教后是否想从前一样维系着人情往来？

八、对传统文化的看法

8.1 对传统文化（清明扫墓、走亲戚拜年、祭灶王等），您有什么看法？

8.2 传统节日（清明节、端午节、中秋节、元宵节）是否还会按时过？

8.3 信教之前是否烧香磕头？您如何看待其他村民的烧香拜佛行为？

8.4 您认为信主的和烧香的有什么区别？

8.5 您对社区孝道衰落有什么看法？

8.6 建房时是否会看风水？

8.7 如何看待现在的社会风气的变化？

九、发展观的变化

9.1 对财富和贫困、贪污与受贿、发展与不平等有哪些看法？

9.2 信教之后生计策略是否有所调整？

9.3 您对近年来政府的政策（例如新农合，新农保，五保和低保，项目扶持等）有哪些看法？

9.4 您对政府的宗教政策有哪些看法？

非基督徒访谈提纲

时间：_____地点：_____姓名：____，性别：____，受教育水平_____

年龄：_____

电话号码：_____，访谈编号_____经济发展水平：1=富裕户 2=中

等户 3=贫困户

您家有_____口人，其中劳动力_____人，男性劳动力_____人

1. 您觉得哪些人会信教？信教有什么用？

2. 您认为信主和烧香有什么区别？（例如基督教的上帝）

3. 很多基督徒都会祷告，您认为祷告有用吗？

4. 很多基督徒都会作见证，您觉得见证可信吗？为什么？

5. 您觉得村民信教后行为有什么变化？

6. 您如何看待基督徒的奉献，例如给教会捐钱和为教会做义工？

7. 有的基督徒并不经常参与教会的活动，只是有事的时候才会去，您怎么
   看？

8. 村民信教后不再祭祖，您如何看待？

9. 村民信教后家庭关系有什么变化？村庄里面是否有信教后家庭不和的事
   情发生。

10. 您认为教会主要有哪些人组织或领导？为什么是这些人是领导者，而不是
    其他人

11. 您认为现在的教会面临什么问题或者面临什么挑战？

12. 村民信教后行为人际关系有什么变化？您会像以前一样和他们交往吗？

13. 您和教徒（尤其是邻居）之间有互助行为吗？

14. 日常生活中有困难时，一般找谁解决？

15. 农忙时节和哪些人有互助行为？您有难以处理的事情时时会去找信教的
    人帮忙吗？

16. 信教的人在村里做了哪些好事呢？

17. 教徒在村庄是否塑造了一种新的文化？信徒对于村庄风气的影响。

18. 您如何看待传统文化（例如清明扫墓、走亲戚拜年、逢年祭灶王）？

19. 传统节日是否还会按时过？

20. 您如何看待其他村民的烧香拜佛行为？

21. 如何看待现在的社会风气和从前相比较有什么变化？

22. 您对社区孝道衰落有什么看法？

23. 建房时是否会看风水？您相信风水先生吗？您相信算命吗？

24. 对财富、贫困、不平等、债务等有什么看法？

25. 是否有人曾向您传教？您是否曾经去过教会？如果有人向您传教，为什么最终没有信教？2012 年的世界末日，您怎么看？

26. 您认为政府在宗教管理方面需要做出哪些努力？

附录二　无尽的人生：访谈对象索引与小传

　　曹涛，女，50岁，小学文化，中等户，2012年从烧香磕头转变为信主，尚未受洗。她曾经是村庄最出名的烧香人之一，却最终因为孙子烫伤、丈夫迷路等事儿认为家里不平安改信基督教，并成为村民在茶余饭后讨论最多的信徒。她于2012年6月份信主，当时因为小孙子玩他妈妈的眉夹时不小心碰倒了身旁的烧瓶，脚被烧伤了。后来找郭明月来帮忙祷告，他叫了4次就开始好转了，后来家庭聚会又叫（祷告），又去红山庙姊妹家叫，终于好了，于是就开始信教了。

　　曹雯雯，女，63岁，小学文化，中等户，她将自家的老房子奉献出来作为聚会点的活动场所。她家一共有6口人，儿子和儿媳在外跑车，丈夫和自己在家种地，照看孙子孙女儿。她47岁时因身体长期不舒服接触基督教，52岁时正式受洗。在信主之前，她曾经在寺院门口卖香，前后差不多有十多年时间，信主之后她认为这些都是犯罪，从此再没有去过寺院。曹雯雯曾有过短暂的外出打工经历，主要是到新疆摘棉花和到北京种植草坪。近两年以来，因为家里养羊的缘故，曹雯雯很少会参加教会组织的活动，她认为只要心中有主就妥了，不是非去教会参加活动不可。

　　陈娥，女，86岁，没有上过学，她在我第一次调查时是平信徒，现在则开始烧香了。她是陈村教会最早的一批信徒，在1986年时就开始参加聚会。她信教的原因是，小儿子离家出走，三年后才从河北邯郸找到儿子，对儿子的记惦让她开始寻求精神的慰藉，此后便成为一名信徒。丈夫过世后，三个儿子都不在家居住，她独自一人在家，经常探望她的是嫁到临近村庄的二女儿。因为一人在家无事，所以陈娥便把自家作为聚会的场所。她早已不再种地，平时没事时就在家看电视，听收音机和圣经播放器。2013 年年初，因为突发奇病，这种病痛白天没事，晚上就开始身体疼痛，难以入睡，陈娥在多次治疗和祷告均没有效果的情况下开始烧香，从此离开了教会的生活，教会的很多信徒也不再与她来往。

陈晓强，康村人，现年 75 岁。他家里就有一个聚会点，而且唱歌的两个人都是他们村子里面的。当言及，为什么男的比较少的时候，主要是外出打工的都出去了，不外出打工的人都在地里干活，所以，他们都没有时间去信主。烧香磕头都是迷信活动，清明烧纸也都是给活人看的。

程军，男，61 岁，初中文化，平安县两会常委兼会计。29 岁时悔改信主，并于上世纪 90 年代初成为小营村教会的小组长，2000 年县基督教两会换届时成为常委，之后出任会计一职。程军儿女均已成婚，家里没有什么负担。他每年都会协助新教堂的修建，并且会长期住在那儿，已经有八九年时间，这主要是因为教堂修建需要短期内投入大量资金，他主要协调一些财务方面的事情。在教会日常运行中，县两会其实并不会过多地进行干预，只有在建堂这样的重大事件发生时，他才会作为建堂小组成员全程跟进项目进展。同时，教堂的每一笔支出都需要和他商量，以防止大数额的现金支出打了水漂。

崔莉莉，女，41 岁，初中文化，年轻的教徒，中等户。家里有 5 口人，其中劳动力 3 人，男性劳动力 1 人。2009 年信教，但没有受洗。一般受洗要上礼拜堂，要喝酒（圣餐仪式中的葡萄酒），而且不能犯罪，但她没什么信心而且太软弱了，所以就没有受洗。连生了两个女儿之后家里想变化一下，生个儿子。某一次有鬼上身了，不当家（意识模糊，疯疯癫癫的样子），也不能下地，后来门口信主的花花帮忙祷告后就好了，从此家里也平安了。孩子的爷爷生病也是通过祷告好的，所以之后就相信了。

范俊梅，女，50 岁，小学文化，中等户，46 岁因丈夫的疾病而信主，她认为自己还不符合标准所以现在尚未受洗。她家里一共四口人，女儿已经出嫁，儿子出去当兵了。她的生活过得挺艰难的。老公得了脑梗塞一直赋闲在家，而且还脾气不好，老是生气。她自己没有上过学，没有文化，但成了家里的主心骨。未来的生活，对她来说，还有很长一段艰难的路需要去走。

范俊梅，女，70 岁，中等户。家里有 6 口人，其中劳动力 6 人，男性劳动力 3 人。2000 年开始信主，已经注册受洗了，想要自己和家人平安，就向主祷告，后来就平安信了。似乎所有信主的人都觉得生气了就会生病，所以即使自己再穷也要活的很开心。

高小凤，女，93 岁 ，没有上过学，现在身体健康，一个人居住，信仰基督教。她于 1987 年信主，已经受洗 22 年了。她因为儿子生病的原因，去找了陈村教会的老组长，老组长和周边一些信主的姊妹做了几次祷告之后儿子就痊愈了，痊愈之后便皈依基督教了。现在还在坚持信主，给主做工，给主传福音。

郭菲，55 岁，女，小学文化，属于富裕户，49 岁时因身体健康原因皈信基督教并于一年后受洗。我在 2012 年访谈她时，她仍比较健谈，却在 2013 年因突发心肌梗塞离世。郭菲家为三世同堂的家庭，公公、丈夫和郭菲三人种植着 30 多亩耕地，喂养着 6 头牛和 100 多头猪，繁重的劳动让她经常没有时间去参加教会活动。

郭明月，女，62 岁，小学三年级文化，村庄贫困户。她家里有 6 口人，丈夫和儿子全都在外务工，只留她一人在家种地，并且照看孙子。她 41 岁时因为头疼信主，42 岁时就已经受洗。郭明月在家中没有任何社会地位，丈夫和儿子都不会给她任何钱花。村民用一种调侃的语气说她"信教信得好"。郭明月信教以后，逐渐在宗教中找到了自我，后来常年不沾家，到处传教论道，进一步降低了自己在家庭中的地位。家人认为她已经走火入魔，甚至还多次爆发了冲突，她不仅被丈夫打，还被儿子打，之后她放了四五年羊，也不再像过去那样经常外出论道。

贾涛，女，现年 51 岁，小学文化程度，家庭条件一般。她的母亲和婆婆都是基督徒，她属于平安信主，在母亲劝说下信主。她家共有四口人，女儿已经出嫁，丈夫和儿子常年在外务工，只有她一人在家操劳。贾涛没有太多爱好，不喜欢打牌，打麻将，也不喜欢串门聊天，平时没事时就喜欢拿着圣经播放器听赞美诗或《圣经》经文。多数时候，她会和母亲一起去教会，并会在活动结束后送母亲回家。

康红艳，女，60 岁，小学文化，在村庄为中等户。她年轻时腿落下毛病，经常浮肿，在 48 岁时信主参加聚会。因为她一直觉得自己不符合基督徒的标准，所以 2011 年才正式受洗。她儿女都已成家，家里也没有什么负担，现在和丈夫一起在家种地，照看孙子和外孙女。康红艳属于典型的说话尖酸刻薄却心地善良的人。在自己空闲的时候，经常会去帮助邻居或教友做农活，她家有水泵也曾多次借给其他村民。因为识字较少的缘故，没有办法读圣经，但她还是购买了圣经来阅读，书包里面几个破破烂烂的小本子，印证着她多年来唱赞美诗的历史和参与教会活动的历史。她因为对部分信徒行为的不满而导致较长一段时间没有去教会，也没有去聚会点活动。

李晓丽，女，47 岁，小学文化程度，经济条件不好，属于贫困户。她是教会的平信徒，生性善良却不善于表达。她本为云南丽江人，17 岁时被比自己大 18 岁的丈夫从老家领到河南农村，并先后生育了三个子女。在 24 岁时，她刚刚生育了第三个孩子，还需要同时照顾两个较大的孩子，当时每天累得要死，腰酸腿疼的，心情也不是很好。她经常和丈夫吵架，后来看到村子里有三个信仰基督教的妇女，每天都会唱唱歌，聊聊天，觉得挺有意思。后来，她便开始参与教会的活动，并成为一名基督徒。起初，她还不会骑自行车，都是走路去教堂参加活动。现在她一般会选择骑自行车去教会。她家里条件一直不是很好，在村里也算穷人。很多时候，她都需要依靠借钱才可以勉强维持家庭的运转。作为一个从云南远嫁河南的妇女，她人生地不熟，也听不懂当地的土话。不过在经过近 30 年的时间之后，她已经成为一个十足的河南人。经过 22 年的基督教信仰之后，她从一个普通的识字不多的信徒慢慢成长，逐渐成为一名虔诚的基督徒。只是家庭的繁重负担和子女教育的巨大花费，让这个原本就经济脆弱的家庭始终处于贫困的边缘，但乐观积极的生活态度，还是使他保持了了开心的生活。

李玉，女，56 岁，文盲，贫困户，孤身一人在家居住。她丈夫在四年前去世，已经和儿子分家。她在丈夫去世半年后开始信主，她一般都是自己一个人骑着三轮车去教会聚会。她也曾短暂地外出务工，还每年都会在公园管理草地，每年大概五个月时间，能挣 5000 元左右。2011 年时候在山东，2012年时在北京。凭借着自己的辛苦劳动，李玉也可以维持生活。

梁建国，男，49 岁，初中文化，34 岁时信主，南阳村教会读经人，其妻子为南阳村教会保管，现在一家人在教会居住。两个儿子均已经成婚，农忙时在家种地，农闲时外出务工，各个乡村教会修建教堂时帮忙协调。

刘霞，女，33 岁，初中文化，平信徒。家里一共四口人，两个劳动力，两个孩子，她和丈夫一样，农忙时在家务农，农闲时在外务工。她很小的时候就跟随奶奶参加教会的活动，不过正式受洗却是 29 岁时的事。因为经常需要在外面务工，她有机会在城市教会参加聚会，习惯了城市聚会的生活后便觉得乡村教会生活没有什么意思。

刘小花，女，45 岁，富裕户，刚刚信主，家里有 4 口人，其中劳动力 4 人，男性劳动力 2 人。她是因为生气信主的。以前天天生气，因为家庭太大了，所有的人都生活在一起，有很多不开心的事情。后来婶子让她去信，她没有婆婆，婶子对她很好，叫多了觉得不好意思就去了，学了唱歌，觉得歌写得挺好的，但还是不想动，嫌懒得跑，自己向往自由，不愿意受拘束。后来看见婶子去时就藏起来，以此躲避去教堂。过一段时间母亲生病了，就回家去照顾她，每天给母亲讲圣经上写的事情，母亲觉得很开心。母亲去世之后准备信主的，但嫌懒得跑也没信，然后就天天生病，后来丈夫说你还是去信吧，信那个挺好，所以就信了。

芦娟，女，45 岁，家里三口人，只有一个女儿，因为家庭夫妻冲突信仰基督教。她信仰基督教已经 20 余年。现在因为有肺病，所以才会去教堂祷告。她一般都是有患难的时候才想起来去教会参加活动，或者说有事的时候才会去教堂。她现在太忙了，平时还需要做生意，所以去教会的时间比较少。

马敏，女，64 岁，贫困户。在她的生命历程中，发生了太多的困难，出生贫寒，出嫁窝囊，婚后不育，养女早逝，女婿白眼，等等。然而，苦难的经历并没有让她抱怨社会，而是一直维持着一颗善良的心，正如她所言，"在几乎所有的地方，别人都瞧不起我，只有在教会，我才能感受到家的温暖，只要有活动，我就一定会去参加教会的活动。"尽管，生活在他身边有诸多的不易，岁月一次次地敲打着她的灵魂，但她仍然保持着乐观向上的态度。

乔永亮，男，59 岁，高中文化，县基督教两会常委兼传道人总协调人。他 1988 年信主，1990 年受洗。现在日常主要是一个乡镇教会的负责人。他爱人信主的时间比较早，在信主之前，是初中三年级的教师，当时的民办教师工资很低，每个月只有 9 块钱，后来便专门在家种地养家糊口。现在儿女都已经结婚，他主要时间都在做教会的事情。

任芳，女，59 岁，小学文化，富裕户。家里 6 口人，劳动力 6 人，其中男劳力 3 人。丈夫和儿子在山西开杂货店，每年收入非常可观，因为她生活并没有太大压力，日子过得也比较清闲。37 岁时因为身体不好，总是生病，当时很瘦，只有 90 多斤，后来选择了信主。

任秀秀，女，44 岁，文盲，贫困户。丈夫比她大 17 岁。她是一个没有读过书的人，手还被烧伤了，家里也挺穷的。对她而言，生活中充满了太多的苦难，丈夫比较窝囊，自己也没有什么本事，这种困难，今后还将会继续延续下去。

孙丽涛，女，59 岁，小学文化，中等户。她信仰基督教已经三年并已经受洗，丈夫去世是她信仰基督教的主要原因。因为没上学不识字，所以什么都学不会。她不会读圣经，唱歌也唱不全，不识字的人学的比较慢。

孙倩，女，57 岁，小学文化，中等户，平信徒。她家里有 8 口人。35 岁时因为家里生活困难，日子不顺当而信主。她待人特别热情，在实地调查中还送了豆食和米给我们做饭用。她说最初信主是因为没人可以明白她的心，认为只有主能看清他的心。她的二儿子和儿媳妇离婚了，她一直想着能否再让她们复合，但是二儿子选择和另外一个人结婚了。所以，现在她和儿子的关系始终存在隔膜，因为在她的印象中，子女离婚这样的事情在农村始终是一种丢人现眼的事情。

汪琴，女，56 岁，高中文化水平，经济条件属于中等。她 44 岁时因支气管炎的缘故信主，但是至今尚未完全康复，仍需定期到县城医院买药。她两个儿子均已成婚，不再需要她专门操心。她曾于 2008 年在北京种植草坪，当时空闲时间还会去捡矿泉水瓶来增加收入。现在家人都在外打工，只有她自己一人在家种地，照顾家里。她出嫁时吃了很多苦，邻居也看她的笑话，当时家里喂了一头老母猪，在打稻糠时，邻居却笑话她说家里穷得揭不开锅，都改吃稻糠了。汪琴干活非常慢，再加上腿脚不方便，因此很多别人半天就能干完的活，她需要一天才能完成。

王菊，女，58 岁，初中文化，家庭富裕，前教会老组长的儿媳妇。尽管她婆婆李梅是教会的第一个信徒，并且也是教会的组长，但真正让王菊相信上帝的存在，则缘起于 45 岁时儿子在装修房子时从梯子上摔下来却几乎没有受伤的事情。她认为这是因为婆婆信主的缘故，从此相信神是真真实实存在的。在信主两年后，她便成为教务组的成员。与其他信徒相比，王菊的日子过得比较舒心。她的兴趣也比较多，闲暇的时候跳跳广场舞，打打牌，串串门。同时，王菊也是一位虔诚的基督徒，修建教会的时候，她借给教会 5000 元，并且每天晚上睡觉的时候都会为教会看守建筑材料。

王小红，女，71 岁，不识字，家庭经济条件一般。她丈夫已经过世 20 多年，现在儿子和儿媳都在外打工，她一个人在家照看孙子、孙女。丈夫过世后，她很长一段时间都很害怕，后来在邻居劝说下委身基督教，并于 57 岁时正式受洗。王小红现在腿脚行动不便，她还曾去新疆采用药物沙袋热敷法治疗下肢，并取得了不错的效果。她的子女都比较孝顺，经常给她买衣服和营养品，还会定期给钱。所以生活过得还算舒心。因为读书少，所以她很少会读圣经，有时赞美诗歌词也会忘记很多。

王晓霞，女，36 岁，小学文化，贫困户，平信徒，28 岁时信主受洗。她家一共四口人，丈夫虽然身体不好但还是常年在外打工，两个儿子都在本村上小学。第一次和她聊天时，她在简单地说了几句话之后便找了一个随意的理由离开了。王晓霞，无论在教会，还是村庄都属于弱势群体。在村庄里，大多数村民都不愿意和她来往；而在教会中，她每次都是一个人行走于家与教会之间。但她仍然顺利地找村干部要到了两个低保指标。她是一个外来的地位很低的媳妇儿，自己在家照看两个孩子，并且种地来增加收入。对她来说，未来的路仍然比较艰难，夫妻二人身体都不好，每年收入也有限，孩子年纪尚小，她在很长一段时间内都将继续过着贫苦的生活。

王选民，男，57 岁，初中文化，自幼跟随奶奶信主，曾于 2005 年在开封接受一年的神学教育，现在兼职传道人，其名字意义"选民"便是"上帝的选民"的意思。每年县基督教两会开会时，他都会帮忙做饭。

王珍珍，女，51 岁，初中文化，有两个儿子，一个在甘肃打工，一个在家看小孩。她曾是教会的讲道人。她在信主一年多之后，便很快成为教会的讲道人，这一讲便是 10 年。但在 2011 年时，因为部分信徒的不满，告别了讲台。她现在是教会的失望者。尽管仍然对教会有深度的认同感，但是她认为教会讲道人的水平一般，所以经常去平安县西街教会听道，并且认为县城的讲道人讲得更好一些。她的行为被教会的一些信徒所不齿。但是 2013 年，教会仍然让她作为读经人之一，并且在每个月第一个星期日带领教会信徒读经。作为一个教会的失败者，她更愿意和我闲聊一些教会现在存在的问题和信徒之间存在的冲突和矛盾，并且有机会了解到表面复兴的背后所隐含的危机和困境。

徐强，男，62 岁，小学文化，59 岁时信主受洗。他两个女儿都已经结婚，因为妻子跟着别人跑了，他一个人在家居住他信主的经历比较奇特，新两会修建教堂时缺少做饭的师傅，他当时恰好没事儿，便跑去帮忙，一来二去，认为信主不错，便信教受洗。他经常会在教会举行奋兴会时做饭，本村谁家有婚事丧事也会去帮忙做饭，在村庄人缘很好。

闫惠，女，59 岁，贫困户，家里 4 口人。她在 2006 年开始信教，已经受洗。有段时间，她经常头疼、手麻，于是就开始信主。信主之后全好了，再也没有复发过。她说其实她听不懂周日礼拜时别人讲的东西，但还是会去听，就是想听。或许她把这个教会或者是讲道当成了一种心灵的寄托，虽然听不懂，但至少可以在教堂里面看到熟悉或者陌生的兄弟姊妹，这样便可以有持续不断的力量去抵抗生活的压迫了。

杨平，男，84 岁，家里有九口人。他曾读过高中，旧社会时候在陕西西安国立第七中学读的高中。他是一个很有意思的受人尊敬的老人，很喜欢花草，现在身体很好，过得还不错。在访谈中，他一直在说公元就是因为耶稣的生日，按照他的日期算的。圣诞节和平安夜，在中国也开始流行了。他对于现在各种异端邪教的横行表示非常担心。

姚守夏，男，61 岁，小学文化，因觉得基督教活动有意思而信主。信主已经有一年多时间，但是妻子对他信主的事情颇有微词，觉得大老爷们也跟着别人瞎起哄有什么意思。所以，很多时候他只能自己偷偷地去教会，但是，一旦被妻子发现，就会挨骂，然后他就只能默默回家。

袁牧师，男，47 岁，21 岁受洗成为基督徒，2000 年按立为牧师。他信主半年之后就受洗了，1991 年开始，在武汉神学院读了四年的神学。袁牧师，一家人生活在一个被称为"县两会"的地方，县两会的日常办公人员其实只有袁牧师一个人。在日常生活中，县两会并没有太多事情需要去打理，所以或许也并不需要那么多的义工来处理各种事情。如果有机会的话，袁牧师可以选择自己开办诊所，同时他也曾在年轻时做了四五年医生，那可以获得一笔相对可观的收入，但最终选择了牧师这样一种清贫的生活方式。

张海风，男，59 岁，小学文化，中等户。他因为身体不好，难以做重活的缘故，跟随邻居参加基督教活动。但是很少会参加聚会点活动，原因是村里的基督徒主要都是中老年妇女，男性人数很少，受村庄性别避讳的影响，他一般只有周日才会自己独自坐在教会的右角落听道。用他自己的话来说，他是教会的边缘人。

　　张蕾，女，45岁，小学文化程度，经济水平在村庄属于中等户。她是执事，并兼任监督会计和范庄聚会点协调人。她本为贵州人，19岁被丈夫从贵州山区老家"领"到河南农村，并于次年结婚。26岁时因儿子同时身患发高烧、拉肚子和咳嗽等三种病痛，受本村信徒李晓丽影响加入基督教，并于32岁时正式受洗。家里共有五口人，丈夫在本市从事建筑工作，大儿子在江苏昆山电子厂打工，小儿子在平安县三中读高中，女儿现在杨乡中学读初二。张蕾一人在家耕种10多亩耕地，还喂了两头牛，一个人照料着家中一切大小事务。在范庄，张蕾是基督徒的典范，她在各个方面都在努力按照基督教教义规范自己的行为，而教外的村民也都认为她是一个好村民。她是基督徒中较有名的乐于助人的人，即使在自家负担较重的情况下仍然会放下手中的活计去帮助其他信徒。教会工作占用了她大量的时间，但只要是教会需要，她都会暂时放下手里的事情去处理，并将其作为为主做工的方式。然而，作为一名只有小学文化的妇女，张蕾在处理很多事情时都会面临着诸多问题，尤其是因为识字不多而引起的困境。然而，她通过长时间的研习圣经，演唱赞美诗，迦南诗，听圣经播放器，在教堂听道，去参加福音会，参与教会日常事务的讨论，去探访病人，逐渐形成了自己新的价值观。在经历了长时间的宗教活动参与之后，她逐渐认同了基督教的很多理念，并开始使用"神的安排"或者"主的预备"来解释发生在自己身上的诸多事件。

　　张涛，女，45岁，小学文化，家境富裕，教会的保管。张涛本为湖北人，后来打工期间认识了比自己大九岁的丈夫，并搬迁到河南农村。张涛儿女都已经结婚，现在她主要在家种地，照看两岁的孙女和已经年过80岁的婆婆。27岁时因为和丈夫闹矛盾而信主，之后便受洗了。神说，不可以贪，有衣有食就当知足。神给你双手，让你殷勤不可懒惰。老公和儿子在外面打工，自己在家干农活，儿媳在家带孙女，盖了楼房。跟她聊天，三句话不离"感谢主吧"，还口若悬河的给我们讲了她祈求见到主并且成功看见主降临的整个过程。

　　张伟，男，初中文化，南阳教会主持人，26岁信主，现在在孟村教会帮忙建堂。1993年信主，现在已经超过20年，当时的主要原因是结扎手术没有成功，之后便在妻子的劝说下，信仰基督教来进行医治。他早前做过教会副组长，但因为儿子结婚需要钱，所以有几年时间外出务工。他现在主要是做主持人和教会会计。

　　张秀英，女，79 岁，文盲，贫困户，平信徒，一人在家居住，无子女照料。她 61 岁因为精神虚空而信教，62 岁时便正式受洗。张秀英一生充满了苦难。19 年前老伴去世了，就剩她一个人孤苦伶仃的。她有四个孩子，两儿两女，儿子不孝顺，也不给她钱花，只有小闺女偶尔会给一点钱。现在她的耕地租给别人，一年有 340 元的租金，加上自己卖菜卖棉花能挣 300 元左右，加上养老保险每个月 60 元，拼拼凑凑总算是够吃穿了。她信主之后儿子脾气还改好了，2012 年还瞒着媳妇偷偷给了她两百块钱。她对儿子的不孝也没有办法，感觉儿子也挺不容易的，孙子上学也要花不少钱。总之，她现在觉得过得还挺幸福的，至少是吃穿不愁了，有时甚至觉得比老伴过世前更幸福了。而对儿子的转变，她也完全归功于主。

　　张燕，女，42 岁，小学文化程度，贫困户。张燕本是四川人，后来被丈夫"领"到河南，从此再没回过四川老家。张燕的丈夫曾经因为盗劫罪而坐牢 8 年，她自己独自抚养儿子，丈夫出狱后又生育了两个女儿。现在家里一共有 6 口人，82 岁的婆婆、丈夫、儿子和两个女儿。她家是村庄有名的贫困户，也是唯一有四个低保名额的农户。她家至今生活在破旧的住房中，每逢下大雨时一家人都会提心吊胆，担心随时有漏雨的风险。张燕于 2006 年稀里糊涂地信了基督教，不到半年便受洗，但是她对于基督教的教义却缺少理解。张燕，是一个没有计划的女人，家里有点儿收入便会改善一下生活，因此家里似乎从来没有什么积累。

　　张振国，男，66 岁，范庄人，因为妻子生病，不能吃不能喝，去很多地方看病都没有治好，后来信主。在信主之后，妻子的病很快好转。因为村子里面只有两个男信徒，所以他很少会去参加聚会点的聚会，但是教堂有事情时都会去参加。

　　赵丽娟，女，44 岁，初中文化程度，家庭经济条件属于中等户。她是教会执事，兼任会计、传道人和范庄聚会点协调人。在她刚刚结婚之后，她母亲和姐姐就曾多次向她传教，但她直到 30 岁时才开始信主，并于一年后（31岁）受洗。她有一儿一女，儿子在外打工，女儿在乡镇中学读初一。丈夫常年在外打工，只是农忙时才会回家。丈夫外出后，赵丽娟一个人照顾家里的大小事务，并且会在农闲时去县城一个道路绿化的工厂打工挣钱，填补家用。因为儿子已到适婚年龄，赵丽娟不得不努力赚钱，以便为儿子在县城购买楼房，并娶到媳妇儿。

赵倩，女，57 岁，小学文化，中等户，丈夫因身体不好信主后传教给自己，并于 52 岁时信主受洗。赵倩有两个儿子和一个女儿，都已经成婚。她现在主要和丈夫一起在家种地，并且照看孙子孙女。在已经年过 50 岁之后，赵倩仍然和丈夫一起选择调整农业种植结构，选择种植大蒜来增加经济收入。或许是给自己寻找了太多农活需要操劳的缘故，赵倩不再能像从前一样经常去教会参加活动。

赵长老，女，51 岁，20 岁信主，23 岁时受洗。当时她高中毕业之后，没有考上大学，母亲想让她学习一些实用的技术，或者去读个师范。后来受母亲的影响信仰基督教，同时因为早前县城教会的信徒高中文化程度的人少，被选派到武汉神学院学习。赵长老在日常生活中勤俭节约，主要的时间均在教会服侍，积极为平安县基督教的发展做贡献。

附录三　证道经文示例

示例一：2013 年 7 月 14 日，赵丽娟 "拉萨路的复活"

弟兄姊妹平安！[1]

我们今天主要讲拉萨路的复活。如果靠我站在这儿，我什么东西都讲不出来，我今天所讲的都是受圣灵的感动，这些都是神的恩赐，谁站在这儿都没有一点儿能力。弟兄姊妹，我们一起打开《新约·约翰福音》11：38-44。下面，我们一起来诵读这节经文。

"耶稣又心里悲叹，来到坟墓前。那坟墓是个洞，有一块石头挡着。耶稣说，你们把石头挪开。那死人的姐姐马大对他说，主阿，他现在必是臭了，因为他死了已经四天了。耶稣说，我不是对你说过，你若信，就必看见神的荣耀吗？他们就把石头挪开。耶稣举目望天说，父阿，我感谢你，因为你已经听我。我也知道你常听我，但我说这话，是为周围站着的众人，叫他们信是你差了我来。说了这话，就大声呼叫说，拉撒路出来。那死人就出来了，手脚裹着布，脸上包着手巾。耶稣对他们说，解开，叫他走。"

因为我是一个罪人，为我这个软弱的人送上祷告，为以下的时间送上祷告。咱们把属灵的身体，为着主，我们献上祷告，如果我们只是祷告自己的需要，主不喜悦。主，显神迹的时候，感谢主吧，第二天他们又来了，要花时间去寻求永恒的盼望。摆在物质上和生活上，要在属灵的事情上蒙主喜悦。

---

1 在证道经文部分，我采取白描方式拣选了三个传道人的讲道内容。采用白描的方式，有利于让我们更好地了解乡村教会的讲道方式。

　　一定要向主祷告你缺乏的。有的人在祷告的时候，都是在为自己的缺乏祷告，为自己的丈夫和儿女祷告，他们不是为了世上的物质，就是为自己家庭的需要来做祷告。这样的祷告，或许在过去主还会给你应许，给你个宝，感谢主，小孩问自己的爹娘要这要那，主都宽容她了，主还会给他们应许，但是如果长期这样，主就会看你是否是一个敬虔的人。

　　弟兄姊妹，我们不可总是为世局的事情做祷告，因为这些物质的事情主都知道，我们的一切都是主给的，你所需要的主都知道。我们在接触他的时候，都是靠着圣灵的福气。这些都是神应许我们的。圣经书上主的话语，一切都是正确的。

　　在今天讲述的故事里，每个人有什么困难，都是可以理解的，一切都是求主的奥秘。我们不要按照世人的祷告，外邦人怎么祷告呢，他们都是需求自己所需要的。他们都是名义上的基督徒，都是为了自己好，但是咱们的主，神爱世人，甚至将他的独生子女献给你们。神，一定会给你开出路的。

　　我们到底能不能摸着主呢？我们都有属灵的生命，有孩子上学的弟兄姊妹，总是跪在地上，口里总是挂着自己的功课，挂着学校的很多事情。但是，如果亲近主，都是为了学校的事情，作为一个学生的弟兄姊妹祷告，你就很难摸着主的同在，主也很难与你同在。你们问天父要饼，是为了自己的好处，跪在地上，找主要恩典的时候，总是问自己的儿子，丈夫等来要好处。

　　主啊，我有病了，你的疾病主也知道，都是主考验你的。感谢主，不要生了病就祷告，要为了属灵的事情，为了永恒的生命祷告，需要忘记暂时的病痛，咱们如果忘记物质的、肉体的需要，是一件多么不容易的事情。我们如果靠主，圣灵的话语，就是路上的光，许多的都是主的话语，圣经的话语，主的美意在哪里。三句话不离家里，都是为了家里的事情来做祷告，我给大家举一个例子，向主祷告，主啊，今天，不要让我把病人诊断错了，也不要让我开错了药，如果是难以医治的病人，不要让他到我这里来。这个是一个大夫的祷告，为了自己的祷告，感谢主，不要让病重的人来到她面前来，有什么难的担子，不要到他面前来。但是咱们作为神的儿女，这些属灵的事情，都是神拣选你，你的事情就是主的事情，你的家庭就是主的家庭，你有患难就是主的患难，咱们属灵的生命都需要向主要。世界的情况，还是都要靠着主，有大灾难的时候，永远的生命，都需要主的话。你缺乏的所有物质，神都不会让你缺乏，神会给你开出路，不要总是问主要。

　　主啊，让孩子用功，有多少次是为主祷告，不要为家庭劳力，为属灵的事情花一点儿功夫，主都会祝福你，讲得好不好都是神的预备。神的儿女，与主交通呢，就像是和自己的爹娘交通一样，啥时候爹娘都会想着自己的儿女。这个例子，就是这个比方，天父就像爸爸一样。你若是真的每天都第一时间去接触主，都需要花一些时间去亲近主，在主面前，抛开那些物质的事情，全心寻求属灵的事，永生的事情，至于你的学业、家庭和身体，主知道的比你更清楚。我们的这些事情，我们在天上的父都知道。这些都是外邦人祷告的，属灵的事情，献上祷告。我们的肉体生长在这个地方，六七十年、七八十年，肉体就离开人世了，但是永远的生命，永远长存，靠着主，进入天国里面。你只需要献上祷告，神就会为你开出路。

　　下面我们讲述耶稣所行的神迹"拉萨路的复活"。这个故事选自《圣经·约翰福音》。由于时间的关系，咱们的时间有限，咱们就不读这段经文了。弟兄姊妹，我的声音大得很，我没学问，但是神使用你，你不当家，感谢主。八岁的小孩站在讲台上讲道，都是神的使用，学多学少，都是神的能力。不要用自己的力量去阻挡住的大能。第一个，人的意见不能阻挡主的大能；第二个，人的尽头是神的开头。

　　拉萨路病了，咱们主都知道，马大哈玛利亚她们告诉主拉萨路病了，就是去让主医治拉萨路，主听见他们的祷告，但是主不成全。其实，还是主的美意，主知道她们的意思，主是在试炼他们的心意呢。

　　第一件事情，就是在埋怨主来得晚了，在时间上耽误了，主说，"复活在我"，一切都是神的安排，我的忍耐和患难，复活在主，生命在主。马大和马利亚，都是埋怨。有我就有了一切，一切都不在时间，今天咱们学习的功课，讲多讲少都是神的预备。主说过这话，你信这话吗？马大马上说，我信你是基督主讲的，她信她的，马大让他的妹子玛利亚，马大来试验她。她们都是埋怨主的意思。

　　主，是可怜他们不认识主。马大，她实在是一个对主有意见的人。马大和玛利亚按照自己的意见，又是埋怨，有事给主提意见，有需要主的时候，主来的时候都是最好的时候。

　　有的弟兄姊妹有了困难，都像外邦人一样，求主疾病就好了，神就成全了，给你说的是，都是撒旦的引诱，撒旦的试探。

《约翰福音》7：16，主要行神迹，让人复活，但是另一方面，神是无所不在无所不能的神，马大和玛利亚说，"夫子来了"，还是在埋怨主。主，复活的大能，路上都是荆棘蒺藜，就是我的心思意念，和主作对，我们人，常有理，这个不中，你不理主知道不知道啊，神的面前。不要在神的面前耍小聪明，我们永远的生命，都需要献给主，马大和玛利亚都是犹太人，去掉人的意见，才能走到复活的面前。人，只要是世人，不论是犹太人，还是外邦人，都是在埋怨人，人的意见在主的面前，在复活的生活中。

软弱，你还没有失败到尽头。只有软弱到顶点，失败到尽头，才是主来的时候，才是主显示自己复活大能的时候，无论是软弱，还是失败。等你到了绝路，到了尽头，没有任何希望的时候，若是他体恤你的软弱，聆听你的失望，还有什么办法，只有呼求，也不能刚强，只有我们到了人生的尽头，主就会让你复活，不管我们到了什么情况下，遇到什么事情，我们都不能担心，神让你经过这个事情，可以攻克过去，有弟兄姊妹，在软弱的时候找主要，神让你刚强起来。家里失败的，生意的失败，无论是啥事，神不应许，天天因为这个事情伤心，就是你失败到顶点，都是神对你的拣选和考验。

当我讲到这儿的时候，我想做个见证，这个见证已经几年了，我都没有去做，俺儿当时想去当兵，当时问他的时候，钱已经准备好了。我就给我儿子送上了祷告，有的时候让主给他祈求。我当时光是跑着跑着，1000 多块钱都花出去了呢。因为神爱咱，好不好，都是神给我的功课，我跪到主的面前，我每年支钱支不到多少钱，可能只有 1 万多块钱。但是神给多是多，给少是少，多少都是神的美意。所以，超过我所求，超过我所想的。

我一直送不走，我不找他要钱啊，人家不信主的人都走了，你看我信主呢，自己的孩子都没有走呢。你怎么又回来了呢，在那儿吃的也不好，住的也不好，感谢主，一切荣耀归给主。我让你去上这个功课，俺们后来又把钱要了回来，感谢主，凡事都要靠着主，我天天给他送上祷告，天天给他祷告，感谢主吧，都是问主要。

咱今天举这个例子，也是凡是和主交通的时候，不要为自己的事情祷告，我们要为属灵的事情祷告，为咱们的教会祷告，你一切的缺乏神都知道。弟兄姊妹们，我们祷告的时候不要只是为自己祷告，我们要为国家祷告，为教会祷告，为弟兄姊妹祷告，我们只为自己祷告，神也不会喜悦。今天的讲道就到这儿，愿主祝福每一位弟兄姊妹。

示例二：2013 年 7 月 21 日，曹婷婷 "在主内合一"

弟兄姊妹平安！今天讲述的是"在主内合一"。

证道经文："从今以后，我不在世上，他们却在世上，我往你那里去。圣父阿，求你因你所赐给我的名保守他们，叫他们合而为一像我们一样。"（《新约·约翰福音》17：11）"使他们都合而为一。正如你父在我里面，我在你里面。使他们也在我们里面，叫世人可以信你差了我来。你所赐给我的荣耀，我已赐给他们，使他们合而为一，像我们合而为一。我在他们里面，你在我里面，使他们完完全全的合而为一。叫世人知道你差了我来，也知道你爱他们如同爱我一样。"（《新约·约翰福音》17：21-23）

在《约翰福音》的这段经文中，有五次提到合而为一，不但是门徒合而为一，也祝福我们都合而为一，完完全全地合而为一，多方面的行为都要做好。人与人之间需要亲密无间，自我合一，人先要自己合一，才能达到与人、与神合而为一。这些都是神自己的光景。

听而不行。很多人来教会只是来听神的话，他们来到这儿只是来聚会，只是讲道聚会的光景。想和是，完全都是不一样，我们今天来到教堂，来到神的殿，我们不能说我们好像来聚会，而是我们就是来聚会。坐在你面前，仿佛是我的灵，不是就是我的灵，而是好像是我的灵。坐在我面前的，都是仿佛，弟兄姊妹们，听到这句话，有什么想法呢？听道而不行道，所以用的是仿佛。口是心非，也是矛盾。口里的是心里想的，口里说的，不是心里想的。神的光景，我们的爱是讲出来的，还是行出来的？

现在有的人，只讲爱心，不行爱心，我们的心和我们的意念在神面前，都是显现的。有人说你不好，说你的不对，如果你本身好的话，何必生气呢。不过别人说我们的对与错，我们都不生气。人和自己做合一的灵。是不是有人来到教会里，或者是教诗，或者是讲道的，我们有的人愿意听，有的人只是看人的外表，讲道员的外表、长相、胖瘦，是不是合自己的心意。他们不是来接受神的话，而是来叫我们都有一个悔改的心。说的和做的完全不同，就是口是心非。我们信了耶稣，就要改变自己的生活方向，不去走世界的路。我们的工作方式需要改变，生活方式需要改变。

从前，喜欢斗嘴，现在我还是斗嘴，这个就是口是心非，听了道之后还没有行道，这都是神不喜悦的事情。犹大，也是口是心非，说的和做的，表里不一，因为自私、败坏，犹太人都是上帝的子民，但是他们都很聪明，很多东西都是犹太人发明出来的，他们都是上帝的选民。我们今天都是外邦人，但是我们都是有福气的人。

为什么平时只能看见别人，但是在镜子前面能看见自己呢？财宝和金钱，都是只能看见自己。如果有主在里面，就不同了。人人都有私心。小孩，你给他个东西，他就不给你。自私是人的本能，人只看自己，不看别人。我们，都是自我不合一的光景，我们有这种取向就需要改变。但是一个指头也不会动。法利赛人，就是会说不会做。

有时候，人们会针对有些同工，在圣坛讲得很好，你看他说神的话语，一套一套的，但是看他的行为，一点儿都不是神的儿女。我们不要效仿他们的行为，他们能说不能行。在日常生活中，没有法利赛人，现在的法利赛人，我们不能看他们的行为，他们吩咐你们的，你们要遵守实行。你们不能看他们不好的行为，我们人，就算是一个牧师，他还是一个人，人无完人，找不到一个完完全全的人。我们只需要去行神的道就可。不是神的话，我们就忘了，我们就不听了不要去纠结他们做的怎么样

我们都完全吗？我们都不完全。不要看他们行的多好？我们藉着神的话，我们现在找不到完全的人。没有十全十美的人，不要说哪一个人不好，去找他们的问题。不要说谁讲得好，谁讲得不好。今年教会里面，我们看见圣坛的工作，神的工作，缺少同工。主啊，我愿意事奉在你的面前，我愿意做主的拐杖，叫主给我们口才，让我们可以起来。神的殿，我们没有能力去做的话。神，没有能力的时候，我们就需要去容忍，主，不动工了，我们做不做还有果效吗？是不是弟兄姊妹？我们只有按照神的话语去行事，神的话才能彰显出来，神的能力才能显示出来。

神，就是要彰显自己的恩典和大能。我们所做的工，不能求别的，只要主知道就好了呢。我们经常，自己都不能和自己同一。有的人和自己对脾气，有的人讲道比较入耳，就会比较喜欢谁，主要是看是不是合自己的心意。我们需要检查自己是不是这种人，如果是的话，我们就需要检讨自己，求主给自己一颗悔改的心。

耶稣基督的降生，主耶稣，听到三个博士说，知道快要降生了。他害怕，因为降生的是一个王，是万王之王。当时三个博士说，你们去找这个孩子，

我们好去拜拜，他们是去拜耶稣不是，他们不是，他们口里说的是去拜，但是心里想的是去害他。我们信了耶稣，就需要改变自己的生活方式，不管从前怎么样，现在接触了耶稣，我们接受主耶稣基督，就需要走一条十字架的道路。我们的工作方向需要改变，我从前喜欢，我靠着主，我悔改，这就是一条悔改的道路。我们如果不去行神的话语，就是口是心非，上帝不允许，神也不喜悦，卖主的犹大也是口是心非。看到有弟兄姊妹如此爱主，心里就有了嫉妒。跟随耶稣的时候，是十二个门徒之一，说的和做的，表里不如一。人只看自己，不顾别人。人心追求的都是财力，这些都是人自我不合一的光景，我们有这种缺陷都需要改正。

因为他们能说不能行，但是你们一个跟头也不能行，自我不合一，会说不会做。还有的人责备同工，你看那个弟兄，我们聚会，我们都有这个想法，说的话一套一套的，做出的事情一点儿都不像神的儿女。我们不能的时候，神才做工，神的能力才能彰显出来。神就是彰显他的恩典和大能，咱不能的，神都能。神要在人的软弱面前，我们所做的工，不求别的，只求主。（大家不要说话，不要说话。外面偶尔有电动车响的声音。）

传道人，将荣耀归给神。如果没有神做工，没有主的生命，他们讲道也讲不出来，没有主的生命，就不能做出主的工作。凡是有主的话语，我们都要去听。所以弟兄姊妹，我们在很多事情，自己都不能合一，怎么可以和别人合一呢，弟兄姊妹，我们的这些毛病都可以改正。

第二个是神人合一。马太福音，耶稣的意思，救人脱离罪恶。世上有很多救命的人，但是他们都不是。只有耶稣可以救我们脱离凶恶，世界上有很多救命恩人，有的人在你快死的时候，给她钱，医治疾病，他们也是救命恩人。但是，说起真正的救命恩人，真正救人的是谁呢？救我们脱离凶恶的只有耶稣，救的工价就是死亡，给我们永远的生命，才是真正的救命恩人。我们得到了永生，有了主耶稣与我们同在。或多或少，我们都有所改变。他是不是神的儿女，神的儿女要像神，只有耶稣能够救我们。

只有耶稣基督能够救我们从一切的罪恶中。死在十字架上，洗净了全世界每一个信徒的罪。我们从他接受救恩开始的。以马内利，神与我们同在。再反过来，就是天人合一。耶稣，神与我们同在。神人之间，原本不能合一，但是因为有主，做了赎价，我们才可以合一，使罪赦免，是人人需要的福音，是天人合一。

第三是人我合一。两个人心有灵犀，配合地很默契，主与我们同在。我们是一灵所生的，我们都是一个老父亲。先求天人合一，然后人我合一，不是靠人的肉体，也不是风度，而是你和我不再有什么分别，你就是我，我就是你。我们都有这个经历吧，我们的同工，信主的人来了，都是泪汪汪的，都想一家人的伤心，因为这是主教导我们的。

因为我们都有被主接走的时候，我们需要求上帝祝福这个家庭，求主和他的家人拣选，求主可以让每个人都归向主。全教会都有这个改变，你的事情就是我的事情。谁有疾病了，我们都要献上祷告，我们要用主的话语安慰她，求主不要让这些悲伤让他跌倒，让他伤心，所以，弟兄姊妹，这都是我们活在祷告中。谁家有喜事，添了孙子孙女，我们都会高兴，这是邻里之间的，邻里合一不再有区别，我们都需要共同的分担，我们需要为他们献上祷告，你的负担就是我的负担，你的痛苦就是我的痛苦你的感受就是我的感受。

一个肢体受苦，我们大家都会感受到受苦；一个肢体得到荣耀，我们大家都会感受到荣耀。人的软弱，我们都不能着急，这才是真正的达到人我合一，无论是哪一个同工，叫神改变我们的心，叫我们知道，在主里，我们都是一灵所生，我们都是到一个地方去，我们都是同路人。

所以，弟兄姊妹，咱们在基督里，咱们都是一个肢体。一个指头疼，全身都疼，我们大家成为一体，就是这个道理，有的是口，有的是脚，还有耳，都是一部分。今天，我做了神的口，神要藉着我的口，把他的话语分享给每一位弟兄姊妹，弟兄姊妹在神的面前，在神的面前，有的人讲，有的人听，让我们谦卑下来，用心灵和诚实来敬拜，我们的口和心不一致的，我们赶快来祷告。

神的话，有用吗？一点儿都没有用。只有听道行道合而为一，才能接受神，才能做到天人合一，我们先做到与神合一。人人在主里，不分人我。无论是聚会的时候，还是听道的时候，我们都是在敬拜，我们要合一，彼此包容，彼此担待。我们要互相包容，我担待你，你担待我，人无完人，彼此担待，彼此相爱。真正人我合一，天人合一，把教会建成属灵的合一的圣殿，愿神祝福每一位弟兄姊妹。

示例三：2013 年 7 月 28 日孙小美 "主预备道路"

弟兄姊妹平安，今天咱们讲的是"主预备道路"。

今天，我预备好了讲章，我预备好了，神不让我讲道。在这个祷告呢，有好多的方式，感谢主吧，圣灵给我的感动，神让我们这么去做，是不是罪，因为祷告的方法很多，因为我只要一祷告，神马上就把我的这篇经文给我预备好了，让我可以讲出来了。感谢主吧，祷告罢了，神让我把这一篇摆出来了。前天的时候，我准备了一篇道，光是动手不动口，你说咱们这个聚会，有的人来了，有的人没来，你看传道书说了，来到神的殿，需要安静。

咱们读经、祷告、聚会、唱诗，都是按照神的旨意。按照神的看法去做事，你如果是按人的话，我的想法都是怎么想的，我的看法又是如何看的，我的心里有哪些变化，那和神都没有关系。感谢主吧，人的意思和神的意思是不一样的，人的意思是属地的，神的旨意是属天的。上天国，咱们上一次已经讲过了，上天国就需要一步步按照神的旨意去行道。

只有一个福音，咱们念一千遍，一万遍。我念一百遍，我已经念烦了，咱们奉主的名念一遍（齐声诵读圣经，信徒们努力用普通话朗读圣经经文）。神，给我预备了，刚好，我一翻，正好就翻到了这一篇。神给每个人的恩赐都是不一样，谁让我们祷告，谁都不能推迟。我也是做个见证，传福音的，我的主啊，你看看，教会里面，我的主啊，我说错了，我说完了，我就开始后悔，我就开始胡说，开始预备。神，让我做苦力，那一天的讲章，都是福气，我的主啊，我没有说错，心里有个主，正准备说呢，神就让我说出来了呢。感谢主吧，今天，奉主的名，简单明白的道讲出来。不用吭气，不用问，咱们就可以说出来了。

今天来的所有的姊妹，听道的同工们，同工还需要同心，全世界的教会，都是一个天父，都是一个儿女，都有资格来接受主的负担，有的人负担轻，有的人负担重，每个人的恩赐不一样，带领不一样，感动不一样。记错了，即使现在错了，天国还是咱们的家。耶稣基督就是咱们的根基，千万不能在耶稣基督之外再去寻求别的根基。这两年传假道的人多，我给你们做一个见证，那一天主把道摆在我的面前。

咱们不能再保留了，在耶稣基督之外。感谢主吧，不是一次两次，因为那天是最后一天了，都是灵命很高的人，唱歌的都会唱，讲道的都会讲，我奉着主的名，主咋不叫我呢？都叫我们去祷告呢？你感动，你祷告吧？这是第一次。我祷告，主就与我同在。我没有感动，我不会祷告，我从来都不会祷告。第三次还是这样，我还是不会祷告。第四次我去听道的时候，她还是让我来祷告，因为有主与我同在呢，我一定不能不去做事情。

时间很快都十点了，怎么还不祷告呢？咱们轮着祷告吧，有十几个人，每个人都在祷告，轮到我了呢，我不会祷告，感谢主吧，我当时就开始祷告了，后来，他们给我打电话。

你出声也好，不出声也好，主都会成全，证明主没让咱们贫穷，没让咱们匮乏，心里有代祷。求主给咱一双灵眼，这些都是灵恩派都是这么做的，但是咱们肯定不会这么去做，那是邪说异端。我们要不提别的，我们只知道我们只能代表我们自己，不能说别人的事情。主，你赐给我一个新的生命，你让我的生命行在一起，谁家的儿女会不像自己的父母呢。这些都是保罗在迦南地的教会写的，咱们也是迦南的教会。不管做什么事情，都应该按照主的话，聪明、智慧、能力归给咱们的神。这些都是社会敬拜神的一种，社会的异端，不管人的灵命如何，我们不传社会福音，但是我们也会去做社会的工作。

我们每月把自己收入的十分之一捐献给有病的、贫穷的，因为基督就是教会。平安台，播放了一个小女儿，只有十五岁，但是已经半瘫痪了，孩子学习很好，但是家里的人已经瘫痪了。俺们当时便商量商量，是不是我们可以去看看呢。后来才知道，小女儿是抱养的，学习还很好，但是家里穷的，真的是什么都没有的，我当时说，这是行善的事情。

感谢主吧，主一做工，后来一打听，还有十二三里地。当时我们去了之后，家里连什么都没有，家里连坐的地方都没有呢。感谢主吧，咱们一看，神给他们预备了什么。现在才十五岁的小孩，还需要下地蒿草，还需要劳动，咱们需要去做社会服务，咱们如果有余钱了，基督徒要安排好自己的钱财，为社会做出一些贡献。

神给她的预备，大街上的乞丐，都是神的儿女了。感谢主吧，这个社会，我们把十分之一的钱都拿出来奉献给教会。爹傻娘傻，我们信主，我们有病不去看，都等着神给我们医治呢。这些不是允许的。咱的肢体都是神的肢体，我们生病的时候不应该有病的时候不去看病，应该化疗的时候不去选择化疗。我是主的儿女，主叫我死，我就死，主叫我活，我就活着，人的肢体是耶和华的殿，你把耶和华的圣殿都毁了。

　　信主靠主，都是应该的，但是咱们不能试探主，不能看主是不是灵验。主动工，咱们就好了，主不动工，就好不了。有病不吃药，我劝你有病还是应该打针吃药，我们走的是正道，我们不能走偏，神的恩赐不一样，神的安排也不一样，你有信心，祷告祷告就好了；你没有信心，一直不去医治，今天我就把这个病，就是把这些事情都说出来了，该怎么说就怎么说。

　　下面，我给主做个见证。我充满主的恩典，真的是太多了。去年正月十五的时候，我的娘家弟弟生了重病，孩子现在还小，还没有成婚。当时，把弟弟送到了开封市人民医院，当时，在医院一天需要支付 300 块钱的化疗费用，当时神给我们预备的单子，我一直和他在医院。侄儿现在已经到了应该谈婚论嫁的年龄，当时也有了对象，彩礼钱也已经谈好了呢。当时，双方的父母都见了面，总觉得比较合适的话，两个孩子就可以结婚了。但是，谁都没有想到，出了这事情，一家人都非常着急。当时还想着在十一的时候结婚呢，后来在离十一只有二十天的时候，弟弟忽然生病了，一下子病的非常严重，当时我们都怀疑是癌症，但是不敢去想，也不敢去做检查。

　　后来孩子结婚之后，我们去做了检查，我当时吓得，我还没有做过这个见证，孩子以后可怎么办呢？他当时手里面分文没有，身边也没有亲的，也没有近的，这个事情，我就给主祷告，主给我一个声音，去郑州，去郑州，去郑州，连一连三个声音上郑州。孩子还小，弟媳妇还傻，家里还不能没有人，当时就哭哭哭，但是哭也没用。

　　星期一的时候，我们去郑州一作检查，神给我预备的，我借来一万五，俺们姊妹四个，当时我又去叫了我的哥哥和姐姐，他们也都来了。俺们姊妹三，当时我们都没钱。没钱，天天给主要，姐姐拿了 1 万（元），婆婆拿出来 3000（元），大侄儿拿出来 5000（元），当时侄儿结婚的时候，需要钱，我都把家里的钱拿出来了，现在还让我从家里面往出拿钱的话，我都拿不出来了，你再出去借借，化疗一次 1 万（元），一共化疗了 5 次，再加上儿子娶媳妇，一共十好几万（元）的钱，都已经花完了。从开封回来，医疗保险报销了 9000 多（元）。感谢主吧，都是神给我预备的，八月十五出院了，我一直没有敢给主作见证。主啊，不是我的钱，都是你的钱。

　　后来又去郑州检查了一遍，发现没有病。我去一趟，夏天一趟一趟的跑，软弱了，吃主的肉，慢慢就刚强起来了；有病了，吃主的肉喝主的血慢慢就好了。后来，我说，你来教会吧。我说，你别走了，你回俺家吧，回家之后儿媳妇也不知道问她，你到我家来吧。感谢主吧，俺当家的从地里回来了，检查的时候，也没有病。他不能吃饭，我们买了奶粉和香蕉，他一过来，脸可白，我说，你可别吓我。那面是娶媳妇，这儿是住医院，事情都赶到一块儿。

后来就和侄儿说，你来接你爸爸回家吧。感谢主吧，你千万不要让我贪钱。在听道的过程中，各个乡村信徒的表现并不相同，一些信徒两眼流泪，为主的恩典和神的大能而感动；也有的信徒抱怨传道人过多地陈述了个人的经历和恩典，讲道的时候应该更多地讲述 别人的事情。如果开刀的话，还可以继续活两年，如果不能开刀的话，很快就过世了（在讲到这儿的时候，传道人抑制不住自己的情感，双眼沾满了泪花）。她在向主祷告，求主可以预备医治疾病的费用，我当时就哭着，像找主要呢。我当时想着，如果我不去找钱，我弟弟就没命了。

我当时一直都在哭，我当家的当时说，哭什么哭。当家的又去拿了 2000多（元））钱。感谢主吧，神给我预备了 1 万块钱，先交了一万块钱，这算是顺顺当当的，我信一辈子主，我哭着，弟弟的病都没有钱医治。在这个时候，没有亲情了，没有感情了，我死了以后肯定进不了天堂了；如果你们将来你们都不管我，我死就死了，你说我心理什么滋味啊。没有的话，我还有一万（元）呢，我的儿子又找了 1 万（元）。一分钱，谁也没有，没有三百二百的，没有百八十块的。

感谢主吧，荣耀归给神，我们当家的人，真的是神与他同在了，手术也成功了，我给咱们信主的人打电话，感谢主吧，荣耀都归给主（在乡村教会的传道人，很多传道人过多地讲述自己蒙受的恩典）。因为时间的关系，今儿个就讲到这儿。

愿主祝福每一位姊妹弟兄！

后　记

"流泪撒种的，必欢呼收割"。本书是在我的博士论文基础上修订而成的。对我而言，乡村基督教研究是一个颇有挑战的选题，一来我没有宗教学的学科背景，二来我没有宗教信仰的体验。当我真正进入宗教研究角色之后，才发现自己欠缺的知识很多，我需要恶补宗教社会学、宗教人类学和基督教神学的相关作品。在乡村教会田野工作之外，我坚持参加北京某城市教会的主日敬拜、小组团契、祷告会、读经班等活动，让自己对基督教有更全面的理解。

在本书写作过程中，对我而言，如何处理丰富的田野经验材料和西方理论之间的关系始终都是我面临的最大挑战。不论是宗教市场理论还是世俗化理论，在遭遇中国复杂多元的宗教实践和宗教情境时，都会显得比较乏力。当然，理论的意义原本便是为了现象而服务的，强制性地利用理论去套经验资料反而显得本末倒置。在进行乡村资料的分析时，我始终坚持米尔斯在《社会学的想象力》所阐述的，"我们在各种特定的环境中所经历的事情往往是由结构性的变化引起的。所以，要理解许多个人环境的变化，我们需要超越这些变化来看待它们"，坚持从社会的视角去探讨自己所观察到的现象。

"凡事谢恩"。特别感谢导师齐顾波教授。我本性愚钝，承蒙老师不弃，成为老师开山弟子。我研究过程中的每一滴成长都离不开她的督促、劝勉和鼓励。在求学期间，我已经难以计算她给我打过多少个电话，记不清她给我发送多少份邮件，也不记得有多少次和她一起探讨研究的困惑和进展，凌晨两三点的邮件、半夜 10 点多的电话、办公室和咖啡厅的交谈都在见证着老师对我的良苦用心。她谦卑、自信、真诚，总是会想到很多我尚未意识到的问题。毕业后，老师依旧时常关心的工作与生活。或许再多的文字都无法概括和表达她在我学习、生活和工作中所倾入的心血和情感，这份恩情我将铭记于心。特别感谢导师李小云教授。李老师同时也是我的硕士指导老师。他敏锐的学科视野、创新的思维方式总是深深地影响着我。李老师给了我很多支持和鼓励，他对我无条件的偏爱和袒护，让我深深感怀，从硕士开始，他就一直深刻影响着我的学术生涯。在他的严格要求下，我对自己的要求也在慢慢提高。回顾我的求学经历，我深感自己成为老师指导的研究生是一种幸运。他是我学术道路上的领路人，也是我生活中的榜样。他对我的关心、支持和鼓励始终是我继续前行的动力。

特别感谢叶敬忠教授。叶老师在我就读本科期间给我提供了参与他主持的留守人口研究的机会。受益于这次机会，我逐渐培养了对研究的兴趣。叶老师始终关心我的学习、研究和工作，并曾多次赠送新出版的书籍，我也经常参加叶老师组织的学术会议和讲座。感谢赵旭东教授，正是在赵老师的"逼迫"下，我逐渐开启了对社会学理论的关注，并开始痴迷于社会学经典著作的阅读，不再是一个学科外部的"门外汉"。感谢梁永佳教授，在博士论文写作过程中，梁老师经常与我讨论，这些讨论让我受益良多，让我更多地从"宗教与社会互动"的视角去思考当代中国的宗教现象。他时刻提醒我，"论文写作需要使用客观的文字进行表达，要尽可能避免某种新闻媒体式的表述方式"。梁老师对我无私的教诲、对传统文化的关注和对学术的执着始终激励我继续前行。

感谢梁永佳教授、熊春文教授、卢德平教授、施琳教授、刘燕丽副教授，他们在我论文答辩的过程中给我提出了宝贵的建议和今后继续努力的方向。感谢方文教授、孙庆忠教授、何慧丽教授、徐秀丽教授、吴惠芳教授、李红艳教授、左停教授、郭占锋教授、龚春明教授、庄龙玉副教授、任守云副教授、刘燕丽副教授、王玉彬副教授、毛绵逵博士、张明慧博士、张纯刚博士、张悦博士、杨瑞玲博士、于圣洁博士、罗涛博士、杨芳博士、李倩博士、陶怡博士、呼占平博士，他们均曾对论文的调查、写作与修改提出过中肯的意见与建议。

感谢平安县基督教两会的袁牧师、赵长老、何常委、程常委，他们总是不厌其烦地听我唠叨，回答我有些"弱智"的问题。感谢陈村教会的执事们，她们在我的田野工作中为我提供了无私的帮助。陈村教会的信徒一直是我写作此文的重要动力。我们经历了从陌生到熟识的过程，彼此的关系早已不再是单纯的研究者与被研究者的关系，他们愿意向我讲述沉寂在内心深处的故事，有时甚至是发生在个人生命历程中的困难。自 2012 年 9 月开始，我一直参加北京盼望教会组织的各种活动，感谢周牧师和洪牧师，他们对我的接纳、关心和爱护，我将铭记在心。特别感谢张大哥一家，正是他们不厌其烦地对我的接纳，保证了我在田野期间的饮食起居生活，这份恩情我永远铭记。

毕业之后，有幸来山西大学哲学社会学学院工作，感谢学院领导和同事对我的关心和鼓励，让我有充裕的时间从事自己的研究。特别感谢同事原海成博士将该书推荐给花木兰出版社。感谢花木兰文化出版公司对本书出版提供的大力支持，感谢何光沪教授、高师宁教授、张欣教授、杨嘉乐副总编辑，他们与我素未谋面，却为本书的出版提供了最大的便利和帮助，没有他们就没有本书的出版。

我始终不能忘却感谢我的父母，他们的支持永远都是我继续前行的动力。为了让弟弟和我接受更好的教育，父母于二十七年前带着四卷铺盖和锅碗瓢盆离开故土，来到人生地不熟的新家。他们依靠种植蔬菜的微薄收入维系着我高中和大学十年的费用。是他们给我一份坚毅，一份勇气。感谢弟弟，帮我照顾父母，分担家里的重担。感谢爱人史林林给我的理解和支持，我会努力承担起家庭的责任，为你挡风遮雨，与你一起白头偕老。

本书为教育部人文社会科学研究青年基金项目"城市化进程中乡村基督徒的信仰与生活研究"（项目批准号为：16YJCZH054）资助的研究成果，特此感谢。

最后，需要特别说明的是，宗教研究领域一直有"在教言教"和"教外言教"两种研究视角，本研究采取的是"教外言教"即宗教研究者以"局外人"的身份解读宗教的视角。本人并不是基督徒，研究尽可能做到价值中立，并努力理解受访者的信仰与生活。同时，本书基于河南一个乡村教会的个案研究并不具有普遍性，结论难以推广到中国其他农村地区。城市化进程的推进正在重新塑造中国整体的宗教格局，需要通过更多的经验研究去回应这一新的议题。这也是我目前正在进行的研究计划。

梁振华

2019 年 8 月于太原

《基督教文化研究丛书》

主编：何光沪、高师宁

（1-6 编书目）

初　编　（2015 年 3 月出版）

ISBN：978-986-404-209-8　　　　　　　　定价（台币）$28,000 元

册　次	作　者	书　名	学科别（／表示跨学科）
第 1 册	刘　平	灵殇：基督教与中国现代性危机	社会学／神学
第 2 册	刘　平	道在瓦器：裸露的公共广场上的呼告——书评自选集	综合
第 3 册	吕绍勋	查尔斯　泰勒与世俗化理论	历史／宗教学
第 4 册	陈　果	黑格尔"辩证法"的真正起点和秘密——青年时期黑格尔哲学思想的发展（1785 年至 1800 年）	哲学
第 5 册	冷　欣	启示与历史——潘能伯格系统神学的哲理根基	哲学／神学
第 6 册	徐　凯	信仰下的生活与认知——伊洛地区农村基督教信徒的文化社会心理研究（上）	社会学
第 7 册	徐　凯	信仰下的生活与认知——伊洛地区农村基督教信徒的文化社会心理研究（下）	社会学
第 8 册	孙晨荟	谷中百合——傈僳族与大花苗基督教音乐文化研究（上）	基督教音乐
第 9 册	孙晨荟	谷中百合——傈僳族与大花苗基督教音乐文化研究（下）	基督教音乐
第 10 册	王　媛	附魔、驱魔与皈信——乡村天主教与民间信仰关系研究	社会学
	蔡圣晗	神谕的再造，一个城市天主教群体中的个体信仰和实践	社会学
	孙晓舒 王修晓	基督徒的内群分化：分类主客体的互动	社会学
第 11 册	秦和平	20 世纪 50－90 年代川滇黔民族地区基督教调适与发展研究（上）	历史
第 12 册	秦和平	20 世纪 50－90 年代川滇黔民族地区基督教调适与发展研究（下）	历史
第 13 册	侯朝阳	论陀思妥耶夫斯基小说的罪与救赎思想	基督教文学
第 14 册	余　亮	《传道书》的时间观研究	圣经研究
第 15 册	汪正飞	圣约传统与美国宪政的宗教起源	历史／法学

二　编　（2016 年 3 月出版）

ISBN：978-986-404-521-1　　　　　　　定价（台币）$20,000 元

册　次	作　者	书　名	学科别（／表示跨学科）
第 1 册	方　耀	灵魂与自然——汤玛斯·阿奎那自然法思想新探	神学／法学
第 2 册	劉光順	趋向至善——汤玛斯·阿奎那的伦理思想初探	神学／伦理学
第 3 册	潘明德	索洛维约夫宗教哲学思想研究	宗教哲学
第 4 册	孫　毅	转向：走在成圣的路上——加尔文《基督教要义》解读	神学
第 5 册	柏斯丁	追随论证：有神信念的知识辩护	宗教哲学
第 6 册	李向平	宗教交往与公共秩序——中国当代耶佛交往关系的社会学研究	社会学
第 7 册	張文舉	基督教文化论略	综合
第 8 册	趙文娟	侯活士品格伦理与赵紫宸人格伦理的批判性比较	神学伦理学
第 9 册	孫晨薈	雪域圣咏——滇藏川交界地区天主教仪式与音乐研究（增订版）（上）	基督教音乐
第 10 册	孫晨薈	雪域圣咏——滇藏川交界地区天主教仪式与音乐研究（增订版）（下）	
第 11 册	張　欣	天地之间一出戏——20 世纪英国天主教小说	基督教文学

三　编　（2017 年 9 月出版）

ISBN：978-986-485-132-4　　　　　　　定价（台币）$11,000 元

册　次	作　者	书　名	学科别（／表示跨学科）
第 1 册	赵　琦	回归本真的交往方式——托马斯·阿奎那论友谊	神学／哲学
第 2 册	周兰兰	论维护人性尊严——教宗若望保禄二世的神学人类学研究	神学人类学
第 3 册	熊径知	黑格尔神学思想研究	神学／哲学
第 4 册	邢　梅	《圣经》官话和合本句法研究	圣经研究
第 5 册	肖　超	早期基督教史学探析（西元 1~4 世纪初期）	史学史
第 6 册	段知壮	宗教自由的界定性研究	宗教学／法学

四　编　（2018 年 9 月出版）

ISBN：978-986-485-490-5　　　　　　　定价（台币）$18,000 元

册　次	作　者	书　名	学科别（／表示跨学科）
第 1 册	陈卫真　高　山	基督、圣灵、人——加尔文神学中的思辨与修辞	神学
第 2 册	林庆华	当代西方天主教相称主义伦理学研究	神学／伦理学
第 3 册	田燕妮	同为异国传教人：近代在华新教传教士与天主教传教士关系研究（1807~1941）	历史
第 4 册	张德明	基督教与华北社会研究（1927~1937）（上）	社会学
第 5 册	张德明	基督教与华北社会研究（1927~1937）（下）	
第 6 册	孙晨荟	天音北韵——华北地区天主教音乐研究（上）	基督教音乐
第 7 册	孙晨荟	天音北韵——华北地区天主教音乐研究（下）	
第 8 册	董丽慧	西洋图像的中式转译：十六十七世纪中国基督教图像研究	基督教艺术
第 9 册	张　欣	耶稣作为明镜——20 世纪欧美耶稣小说	基督教文学

五　编　（2019 年 9 月出版）

ISBN：978-986-485-809-5　　　　　　　定价（台币）$20,000 元

册　次	作　者	书　名	学科别（／表示跨学科）
第 1 册	王玉鹏	纽曼的启示理解（上）	神学
第 2 册	王玉鹏	纽曼的启示理解（下）	
第 3 册	原海成	历史、理性与信仰——克尔凯郭尔的绝对悖论思想研究	哲学
第 4 册	郭世聪	儒耶价值教育比较研究——以香港为语境	宗教比较
第 5 册	刘念业	近代在华新教传教士早期的圣经汉译活动研究（1807～1862）	历史
第 6 册	鲁静如王宜强编著	溺女、育婴与晚清教案研究资料汇编（上）	资料汇编
第 7 册	鲁静如王宜强编著	溺女、育婴与晚清教案研究资料汇编（下）	
第 8 册	翟风俭	中国基督宗教音乐史（1949 年前）（上）	基督教音乐
第 9 册	翟风俭	中国基督宗教音乐史（1949 年前）（下）	

六　编　（2020 年 3 月出版）

ISBN：978-986-518-085-0　　　　　　　定价（台币）$20,000 元

册　次	作　者	书　名	学科别（／表示跨学科）
第 1 册	陈倩	《大乘起信论》与佛耶对话	哲学
第 2 册	陈丰盛	近代温州基督教史（上）	历史
第 3 册	陈丰盛	近代温州基督教史（下）	
第 4 册	赵罗英	创造共同的善：中国城市宗教团体的社会资本研究——以 B 市 J 教会为例	人类学
第 5 册	梁振华	灵验与拯救：乡村基督徒的信仰与生活（上）	人类学
第 6 册	梁振华	灵验与拯救：乡村基督徒的信仰与生活（下）	
第 7 册	唐代虎	四川基督教社会服务研究（1877～1949）	人类学
第 8 册	薛媛元	上帝与缪斯的共舞——中国新诗中的基督性（1917～1949）	基督教文学